CO-ABHÄNGIGKEIT

Entdecken Sie, wie Sie sich von der Co-Abhängigkeit heilen und wahre Genesung von Ängsten in Beziehungen und emotionalem Missbrauch finden können

Lara Carter

INHALTSVERZEICHNIS

EINFÜHRUNG

Den Begriff "Co-Abhängigkeit" gibt es seit den 1970er Jahren, und seine Definition unterscheidet sich heute erheblich von dem, was er zu Beginn bedeutete. Deshalb können heute viel mehr Menschen als co-abhängig diagnostiziert werden oder eine Form von co-abhängigem Verhalten zeigen. Und damit meine ich einen großen Teil der amerikanischen Bevölkerung, unabhängig von Geschlecht, Glaube, Persönlichkeit, sozialem Status und Alter. Co-Abhängigkeit kann unterschiedlich stark ausgeprägt sein und ist im Allgemeinen auf Scham, geringes Selbstwertgefühl, Angst vor dem Verlassenwerden und andere Faktoren zurückzuführen, die in diesem Buch behandelt werden.

In diesem Buch geht es um Kodependenz in Paarbeziehungen. Kodependenz ist ungesund für jede Beziehung. Keine Beziehung ist perfekt. Manchmal verletzen wir diejenigen, die wir lieben, und manchmal sind sie diejenigen, die uns verletzen. So funktionieren Beziehungen nun einmal. Es ist normal, dass wir uns Sorgen um unsere Lieben und unsere Beziehungen zu ihnen machen. Co-Abhängige hingegen steigern ihre Sorgen ins Extreme. Auf diese Weise wird es zu einer Sucht. So wie die Substanz ihrer Sucht die Süchtigen verzehrt, werden die Co-Abhängigen von ihren Beziehungen verzehrt. Ihre wachen und schlafenden Momente drehen sich um die Beziehung. Sie sind wie ein menschlicher Reaktor, der die geliebte Person huckepack nimmt. Es sieht so aus, als würden sie zu viel fühlen, aber im Gegenteil, sie vernachlässigen ihre Gefühle. Es ist leicht zu verstehen, warum die Beziehung für den Co-Abhängigen zu einer Droge geworden ist. Sie bietet Intimität, Vergnügen, Sicherheit und Trost. Die abhängige Person will all das, aber sie genießt nichts davon. Bei dem Versuch, das Leben und die Zuneigung anderer zu manipulieren, fühlt sich der Co-Abhängige am Ende allein und hat Angst. Sie verlieren die Freude, die für eine Beziehung unerlässlich ist. Sie verlieren die Fähigkeit, Liebe zu geben und sie zu empfangen, weil ihre Vorstellung von Liebe verdreht wurde. Sie sind in ständiger Angst, verlassen und zurückgewiesen zu werden. Das zerstört nicht nur die Beziehung, die sie zu führen versuchen. Es zerstört auch ihre Beziehung zu sich selbst. Scham und geringes Selbstwertgefühl machen sich breit. Das führt dazu, dass sie später bei anderen Menschen Bestätigung suchen. Sie tun dies, indem sie sich selbst verändern. Sie projizieren eine Vorstellung davon, was die andere Person ihrer Meinung nach braucht oder will. Obwohl die meisten Menschen davon ausgehen, dass die Co-Abhängigen einen Süchtigen als Partner haben, haben sie auch Beziehungen zu anderen Co-Abhängigen und anderen Menschen. Einige Co-Abhängige sind in der Tat zufrieden in ihrer Beziehung, aber das ist in der Regel eine Verleugnung.

Die Wurzel der Co-Abhängigkeit lässt sich auf die Kindheit und Entwicklungsprobleme zurückführen. Aufgrund der Situationen in ihrer Erziehung nehmen die Co-Abhängigen andere Verhaltensweisen an, um zu überleben. Sie entwickeln diese Verhaltensweisen in anderen, um ihre emotionalen Bedürfnisse zu befriedigen. So werden Menschen geboren, oder sagen wir, sie entwickeln sich. Lassen Sie mich ein hypothetisches Szenario veranschaulichen. Ein Kind ist nicht in der Lage, seine eigenen emotionalen und materiellen Bedürfnisse zu befriedigen. Wenn die Eltern sich weigern, die Bedürfnisse des Kindes zu erfüllen, wirkt sich das auf die Entwicklung des Kindes aus. Das Kind beginnt, Verhaltensweisen zu entwickeln, um die unerfüllten Bedürfnisse zu kompensieren. Technisch gesehen nennen wir das dysfunktionale Elternschaft. Meine Analogie scheint zu kurz gegriffen, denn bei der Co-Abhängigkeit geht es um viel mehr als um unerfüllte Bedürfnisse; sie kann auch durch Missbrauch in der Kindheit verursacht werden. Indem der Elternteil die Bedürfnisse des Kindes nicht erfüllt, sagt er dem Kind indirekt, dass es diese Bedürfnisse nicht haben sollte. Er sagt dem Kind praktisch, dass seine Gefühle illegitim oder egoistisch sind. Das Kind nimmt dies auf. Es wird wütend auf die Eltern, und nach einer Weile merkt das Kind, dass die Methode nicht funktioniert. Dann wendet es die Wut gegen sich selbst. Mit der Zeit wird die Wut zur Scham. Das Kind schämt sich für seine Bedürfnisse und Gefühle. Das Kind beginnt, sie zu ignorieren und zu verstecken. Die Scham untergräbt dann das Selbstwertgefühl des Kindes, selbst im Erwachsenenalter. Einfach ausgedrückt: Co-Abhängige verbergen ihr wahres Ich und ihre Gefühle aus Schuld- und Schamgefühlen, die meist durch eine dysfunktionale Erziehung verursacht werden. Zu einer gestörten Erziehung gehören u. a. Missbrauch in der Kindheit und emotional abwesende Eltern. Wenn Sie in Ihrem Verhalten eine Co-Abhängigkeit erkennen, dann gratuliere ich Ihnen. Das mag unsensibel klingen, aber es gibt auch eine andere Sichtweise. So wie ich das sehe, hat man entweder etwas oder man hat nichts. Wenn Sie es haben, dann wird es durch Ignorieren und Leugnen nicht verschwinden. So einfach ist das. Sie werden auch feststellen, dass Verleugnung ein häufiges Problem unter Süchtigen ist. Manche würden es sogar als eines der größten Probleme bei der Sucht bezeichnen, weil es so heikel ist und so schwer zu überwinden. Wir kehren also zu meinem Punkt zurück, und ich werde ihn dieses Mal deutlicher formulieren: "Herzlichen Glückwunsch zur Überwindung der Verleugnung." Nach Ihrem großen Sieg über die Verleugnung sollten Sie die Schritte zur Genesung unternehmen. Und ich habe das Wort "Schritt" verwendet, weil Sie ihn gehen müssen, denn es reicht nicht aus, das Problem zu erkennen. Wenn Sie also dieses Buch in die Hand nehmen, um nach Hilfe zu rufen und sich zu bessern, dann gratuliere ich Ihnen noch einmal.

Ich muss Ihnen zunächst versichern, dass Sie nicht allein sind. Dann muss ich Ihnen sagen, dass es zwar kein Wundermittel gibt, das dieses zerstörerische Verhalten für immer verschwinden lässt, aber Sie können sich trotzdem bessern. Es erfordert viel Arbeit und Mühe, aber Sie werden das Ergebnis genießen - "ein neues DU". Sie müssen auch auf Rückfälle achten und Ihre Verpflichtungen auf dieser Reise täglich neu bekräftigen.

Dieses Buch ist der erste Schritt auf Ihrer Reise. Es enthält Informationen, die Ihnen helfen, Ihr Verhalten zu verstehen und Schritte zur Genesung zu unternehmen. Ich habe es in drei Abschnitte unterteilt, wobei jeder Abschnitt ein gemeinsames Ziel verfolgt. Jeder Abschnitt besteht aus drei Kapiteln.

Abschnitt A

Hilft Ihnen, Co-Abhängigkeit und ihre zerstörerischen Symptome zu verstehen. Es hilft Ihnen auch, Ihr Verhalten zu bewerten und die Verleugnung zu überwinden.

Abschnitt B

Nimmt Sie mit auf den Weg der Heilung. Es zeigt Ihnen, wie Sie sich selbst und Ihre Beziehung heilen können.

Abschnitt C

Er soll Sie auf dem richtigen Weg halten und Ihnen helfen, einen Rückfall zu vermeiden.

In der Schlussfolgerung gebe ich auch einige wichtige Informationen.

Ich werde in diesem Buch nicht viele technische Informationen geben, da es für eine einfache Lektüre gedacht ist, besonders für diejenigen, die keine Vorkenntnisse über Co-Abhängigkeit haben. In diesem Sinne wünsche ich Ihnen viel Glück auf Ihrem Weg zur Genesung. Fangen wir also ohne Umschweife gleich an.

Abschnitt - A

KAPITEL 1
Co-Abhängigkeit

Es gibt keine offizielle Definition für Co-Abhängigkeit. Es gibt verschiedene Definitionen von verschiedenen Experten, von denen ich drei nennen möchte. Eine der frühesten Definitionen wurde 1989 von einem Gremium aus 22 Experten erstellt. Darin heißt es: "Co-Abhängigkeit ist ein Muster schmerzhafter Abhängigkeit von zwanghaftem Verhalten und der Anerkennung durch andere, um Sicherheit, Selbstwert und Identität zu finden. Genesung ist möglich."

Eine andere Definition, diesmal von Melody Beattie, der Autorin von Codependent no more", besagt: Ein Co-Abhängiger . . lässt sich von dem Verhalten einer anderen Person beeinflussen und ist davon besessen, das Verhalten dieser Person zu kontrollieren."

Ich bevorzuge die Definition von Darlene Lancer, die besagt: "Ein Co-Abhängiger ist eine Person, die nicht aus sich selbst heraus funktionieren kann und stattdessen sein Denken und Verhalten auf eine Substanz, einen Prozess oder eine andere Person(en) ausrichtet". Bei der Substanz kann es sich um verschreibungspflichtige oder nicht verschreibungspflichtige Medikamente handeln, während der Prozess eine beliebige Aktivität wie Arbeit, Einkaufen, Essen, Glücksspiel oder Sex sein kann.

Vereinfacht ausgedrückt geht es bei der Co-Abhängigkeit um das "verlorene Selbst". Nach Carl Jung umfasst das Selbst

- Persönlichkeit
- Unbewusstheit
- Bewusstheit
- Ego (wie wir mit der Realität umgehen)

Wir werden einzigartig geboren, mit der Fähigkeit, unser inneres Bewusstsein und äußere Einflüsse zu spüren und darauf zu reagieren. Co-Abhängige orientieren sich bei ihrer Anpassung und Reaktion meist an äußeren Faktoren (dem Verhalten anderer), anstatt sich auf ihr inneres Selbstbewusstsein zu beziehen. Dies wird zu ihrer Persönlichkeit, und sie erleben einen inneren Konflikt zwischen ihrem wahren Selbst und ihrer Außenprojektion.

Deshalb lautet das Motto der Co-Dependents Anonymous: "Sei dir selbst treu. "

Co-Abhängigkeit kann als eine Krankheit bezeichnet werden, ähnlich wie andere Süchte. Süchtige sind ohnehin abhängig, da sie auf ihre Drogen angewiesen sind.

DER SCHMALE GRAT ZWISCHEN CO-ABHÄNGIGKEIT UND NICHT-ABHÄNGIGKEIT

Wenn ich Sie nur mit der Definition von Co-Abhängigkeit allein lasse, werden Sie bei Ihrer Diagnose einen Fehler machen. Die Diagnose sollte ohnehin einem Fachmann überlassen werden, aber um zu verhindern, dass Sie sich selbst oder andere fälschlicherweise als Co-Abhängige abstempeln. Im nächsten Kapitel werde ich eine umfassendere Beschreibung der Eigenschaften eines Co-Abhängigen geben, aber in der Zwischenzeit möchte ich Ihnen einige Verhaltensweisen vorstellen, die Sie nicht unbedingt zu einem Co-Abhängigen machen:

Pflege und Betreuung

Es gibt einen großen Unterschied zwischen Co-Abhängigen und Pflegenden. Pflegende wissen, wann sie aufhören müssen, Co-Abhängige wissen das nicht. Pflegende sind so gut darin, sich um andere zu kümmern, dass es ein Beruf ist. Bei der Pflege geht es darum, Menschen in Not zu "versorgen". Bei der Co-Abhängigkeit geht es ums Nehmen. Der Co-Abhängige füttert seine Sucht, geliebt oder zumindest gebraucht zu werden. Ein Co-Abhängiger gibt, auch wenn es nichts zu geben gibt. Co-Abhängige geben, bis sie erschöpft sind, aber selbst dann hören sie nicht auf. Sie geben weiter, aber dieses Mal geben sie mit Ressentiments.

Freundlichkeit

Co-Abhängige sind freundlich zu anderen Menschen, weil sie gemocht werden wollen. Das ist die Grenze zwischen Freundlichkeit und Wohlwollen, denn Freundlichkeit ist eine großzügige Handlung, die ohne Erwartung einer Belohnung vollzogen wird. Für Co-Abhängige ist Freundlichkeit Bestechung. Wann immer sie jemand um etwas bittet, können sie nicht "nein" sagen, weil sie Angst haben, dass die Person sie nicht mehr mag.

DER SEX-FAKTOR

Nachdem die Anonymen Alkoholiker (AA) in den 1940er Jahren gegründet worden waren, gründeten einige Personen, die zumeist aus Ehefrauen bestanden, Selbsthilfegruppen, um mit den Auswirkungen des Alkoholismus ihrer Partner fertig zu werden. Sie verwendeten eine Variante des Zwölf-Schritte-Programms und nannten ihre Gruppe AI-Anon. Auf diese Weise entstanden

Selbsthilfegruppen für Co-Abhängige, lange bevor Experten begannen, sich damit zu befassen. Co-Abhängige können von jedem Geschlecht sein, aber hier sind einige der Gründe, warum Frauen die Mehrheit bilden:

Biologie

Frauen sind für Beziehungen besser geeignet als Männer. Sie sind sensibler und neigen dazu, sich mit anderen zu verbinden.

Religion

Die meisten Religionen haben eine patriarchalische Ideologie und weisen die Frauen an, sich den Männern unterzuordnen. Ihnen werden weniger Rechte, Freiheiten und Autoritätspositionen zugestanden.

Gender-Fragen

Frauen sind weniger selbständig. Sie sind emotional stärker gebunden und auf Beziehungen angewiesen.

Kultureller und gesellschaftlicher Druck

Frauen sind stärker eingeschränkt und haben weniger Autonomie. Außerdem wird von ihnen verlangt, dass sie sich in Normen einfügen. Dies kann zu Depressionen und geringem Selbstwertgefühl führen, wenn die Normen nicht erfüllt werden.

Politik

Frauen werden an den Rand gedrängt und den Männern unterworfen. Viele Frauen haben sich an dieses Paradigma gewöhnt und sind gefügiger geworden.

DIE DEBATTE ÜBER CO-ABHÄNGIGKEIT

Seit den ersten Studien zur Co-Abhängigkeit, als Fachleute begannen, die Co-Abhängigkeit ernst zu nehmen und sie der breiten Öffentlichkeit vorzustellen, gibt es eine ständige Debatte darüber. Auf der einen Seite der Debatte stehen die Mediziner, die die Co-Abhängigkeit als Sucht und Krankheit einstufen. Auf der anderen Seite der Debatte stehen die Kritiker, die glauben, dass es sich bei der Co-Abhängigkeit um ein überdiagnostiziertes kulturelles Phänomen handelt. Für sie ist die Idee der Co-Abhängigkeit ein Kampf gegen die natürliche Dynamik einer Beziehung. Sie behaupten, dass Menschen dazu bestimmt sind, intim zu sein, und nicht autark und abgehoben. Nach Ansicht der Kritiker ist es nicht falsch, andere Menschen zu brauchen und von ihnen abhängig zu sein. Sie glauben, dass die Förderung von zu viel Selbstgenügsamkeit den Menschen und ihren Beziehungen schadet.

Sie sind der Meinung, dass dies die Verbindung zwischen den Menschen beeinträchtigt. Ihrer Meinung nach ist die Co-Abhängigkeit ein weiterer Ableger des westlichen Individualismus. In ihren Anfängen geriet die Co-Abhängigkeitsbewegung auch mit dem Feminismus aneinander. Dies liegt daran, dass viele Symptome der Co-Abhängigkeit in das patriarchalische Paradigma der fürsorglichen, unterwürfigen und sanftmütigen Frau passten. Die Kritiker der Co-Abhängigkeitsbewegung haben in mancher Hinsicht Recht. Aber die Linien der Co-Abhängigkeit sind klarer definiert, als sie denken. Sie werden diese herausfinden, wenn wir eine kodependente Beziehung einordnen.

DIE GENESUNGSREISE

Wir werden viel Zeit damit verbringen, den Weg des Co-Abhängigen zur Genesung zu sezieren, aber ich möchte Ihnen einen ersten Einblick geben, was die Reise mit sich bringt. Es gibt grundlegende Schritte auf diesem Weg, die ich im Folgenden in einer linearen Reihenfolge mit kurzen Erklärungen für jeden einzelnen auflisten werde:

Selbsterfahrung

Sie müssen Ihr Selbstverständnis verbessern, bevor Sie auf dem Weg zur Genesung vorankommen können. Die Selbsterkenntnis ermöglicht es Ihnen, die Verhaltensweisen und ihre Ursachen zu verstehen und zu erkennen, wie Sie sie bekämpfen können.

Heilen Sie Ihre Beziehung zu sich selbst

Sie werden Ihre verbesserte Selbsterkenntnis nutzen, um Ihre Beziehung zu sich selbst wiederherzustellen. Auf diese Weise werden Sie Ihr Selbstwertgefühl verbessern und Ihre Scham und Ihren Schmerz bewältigen.

Heilen Sie Ihre Beziehung zu anderen Menschen

Sie werden Ihre Beziehungen zu anderen Menschen wieder aufbauen. Sie warden ihnen Ihr neues ICH vorstellen und anfangen, gesunde Beziehungen zu pflegen.

Auf dem richtigen Weg bleiben

Nachdem Sie die harte Arbeit geleistet haben, besteht der nächste Schritt darin, auf dem rechten Weg zu bleiben. Sie werden verstehen, wie heikel Co-Abhängigkeit sein kann und wie Sie Rückfälle vermeiden oder bewältigen können.

KAPITEL 2
MERKMALE EINER CO-ABHÄNGIGKEIT

SYMPTOME DER CO-ABHÄNGIGKEIT

Bei aller Verwirrung über die verschiedenen Definitionen von Co-Abhängigkeit oder einige Verhaltensweisen, die fälschlicherweise als Co-Abhängigkeit bezeichnet werden, sind zwei Dinge klar.

1. Co-Abhängige sind verwundete Seelen, die Angst davor haben, verletzt, verurteilt und zurückgewiesen zu werden.
2. Verleugnung ist der Fluch des Bewusstseins und der Genesung. Verleugnung bedeutet, sich vor sich selbst und anderen zu verstecken.

Co-Abhängigkeit entwickelt sich allmählich, meist von Kindheit an, und äußere Faktoren wie Religion und gesellschaftlicher Druck spielen eine große Rolle. Auf dem Weg zur Genesung müssen wir uns unserer Situation bewusst werden, bevor wir sie ändern können. Lassen Sie uns also die Symptome der Co-Abhängigkeit besprechen.

Versteckte Schande

Scham hält uns davon ab, uns unangemessen zu verhalten, und es wird angenommen, dass sie manchmal nach einem peinlichen Vorfall vergeht. Scham kann jahrelang andauern und uns daran hindern, uns richtig in die Gesellschaft einzufügen. Sie erzeugt ein Gefühl der Entfremdung, der Unzulänglichkeit und des Unwertseins. Chronisch verinnerlichte Scham führt dazu, dass sich der Betroffene unzulänglich, ängstlich und depressiv fühlt. Der Einzelne fühlt sich des Respekts, der Liebe, des Erfolgs und des Glücks nicht würdig. Der Betroffene entwickelt Intimitätsprobleme und chronische Minderwertigkeitskomplexe. Das führt dazu, dass man sich nicht durchsetzen kann, neidisch ist und sich leicht von anderen einschüchtern lässt. Hier sind einige körperliche Anzeichen von Scham:

- Entfremdung
- Schwindel
- Frieren
- Vermeiden von Blickkontakt
- Zusammengesackte Schultern
- Gesenkter Kopf
- Übelkeit

Geringes Selbstwertgefühl

Der Selbstwert ist unsere Meinung über uns selbst. Co-Abhängige haben oft ein geringes Selbstwertgefühl. Sie nutzen die Meinung anderer Menschen über sich selbst, um ihr Selbstwertgefühl zu beurteilen. Jeder hat ein schlechtes Gewissen, wenn ihm etwas Schlimmes passiert ist oder er etwas getan hat, aber dieses Gefühl ist bei einer Person mit geringem Selbstwertgefühl noch intensiver.

Menschen mit geringem Selbstwertgefühl sind sehr kritisch mit sich selbst. Sie verlassen sich auf die Meinung anderer, weil sie ihrem eigenen Urteilsvermögen nicht trauen. Sie sind nicht in der Lage, sich eine eigene Meinung zu bilden. Sie neigen auch dazu, ihr Selbstwertgefühl auf Prestige, materiellen Besitz und Schönheit zu gründen.

Den Menschen gefallen

Co-Abhängige unterdrücken ihr inneres Selbst, um anderen entgegenzukommen. Sie versuchen, sich in das Leben anderer Menschen einzufügen und werden unruhig, wenn andere unglücklich sind. Und weil sie verzweifelt nach Liebe und Bestätigung suchen, neigen sie dazu, ihre eigenen Gefühle und Meinungen zu unterdrücken. Sie machen aus sich selbst eine Brezel, um sich an das anzupassen, was andere ihrer Meinung nach wollen. Dies ist am häufigsten in ihren romantischen und engen Beziehungen zu beobachten.

Schuldgefühle

Schuld und Scham sind lebenslange Partner. Wir fühlen uns schuldig, wenn wir glauben, dass wir gegen ein Gesetz, einen Grundsatz oder eine Norm verstoßen haben. So wie es den Co-Abhängigen mit der Scham geht, so geht es ihnen mit der Schuld. Sie können sie nicht loslassen. Gefühle und Bedürfnisse sind ein wesentlicher Teil unseres Menschseins, aber Co-Abhängige fühlen sich wegen ihrer Gefühle schuldig, besonders wenn sie mit den Gefühlen und Bedürfnissen der Menschen in ihrer Umgebung kollidieren.

Sie sehen sich selbst als schwach, bedürftig, egoistisch oder nachgiebig. Das hält sie davon ab, um dringend benötigte Hilfe zu bitten. Sie können sich auch für die Gefühle und Bedürfnisse anderer Menschen schuldig fühlen. Sie entschuldigen sich ständig oder nehmen die Schuld auf sich, selbst wenn sie im Recht sind. Dieses Gefühl der Unwürdigkeit macht sie anfällig für Missbrauch und Bestrafung. Sie werden zum Opfer der Schuldzuweisung und des Missbrauchs durch andere Menschen. Sie nehmen dann die Schuld auf sich und versuchen noch mehr, es dem Missbraucher recht zu machen, anstatt für sich selbst einzustehen. Co-Abhängige können auch der Täter in einer Beziehung sein, denn ihr geringes Selbstwertgefühl und ihre Scham führen dazu, dass sie anderen die Schuld für ihre Probleme geben.

Perfektionismus

Perfektion gibt es nicht in der Welt, sondern nur in der Vorstellung eines Perfektionisten.

Es ist ein illusorischer Standard, der immer unerreichbar ist. Als Perfektionist weiß man nie, was gut genug ist. In Ihrer Vorstellung versagen Sie immer. Der ständige Selbstvergleich mit idealen Standards führt zu ständiger Selbstbeurteilung und Selbstbeschämung - nicht nur für ein bestimmtes Verhalten, sondern für Sie als Person. Wie bei David, dem Buchhalter als Beispiel, schützen zwanghafte Handlungen im Streben nach Perfektion vor diesen Gefühlen.

Die Kombination aus Scham, Schuldgefühlen und Perfektionismus ist besonders selbstzerstörerisch, wenn Sie Liebe von jemandem suchen, der nicht oder nur sporadisch lieben kann. Sie bemühen sich noch mehr, perfekt zu sein und Liebe zu verdienen, um zu beweisen, dass Sie liebenswert sind, um Ihr Selbstwertgefühl zu bestätigen und Ihre inneren Schamgefühle zu unterdrücken.

Einige von der Co-Abhängigkeit betroffene Leistungsträger versuchen, ihren Wert durch Leistungen zu beweisen. Ihr Zwang wird durch die verinnerlichte Scham getrieben, dass sie fehlerhaft sind. Ein Einser-Schüler, der besessen ist von einer Eins im Test oder davon, dass er eine Frage ausgelassen hat, ist ein von Scham getriebener Perfektionist. Andere versuchen nicht, etwas zu erreichen, weil sie denken, sie seien hoffnungslose Versager. Schüler, die an die beschämenden Botschaften glauben, dass sie faul, Versager oder dumm sind, sind nicht in der Lage, in der Schule gute Leistungen zu erbringen.

Ein anderes Beispiel ist eine Frau, deren Aussehen immer perfekt sein muss.

Selbst ihre Wohnung muss makellos sein. Ihre persönliche Scham wird auf ihre Umgebung projiziert, die sie als Spiegelbild ihres unerträglichen, fehlerhaften Selbst betrachtet.

Etwas, das abgeplatzt, verstaubt oder nicht an seinem Platz ist, kann schmerzhafte Ängste auslösen, die sie nur dadurch bekämpfen kann, dass sie es repariert, anstatt ihre Gefühle über sich selbst zu korrigieren.

Abgrenzungsfragen

Grenzen wirken sich auf jeden Aspekt unseres Lebens aus. Sie sind Ausdruck unseres Selbstwerts und der Art und Weise, wie wir Grenzen setzen, die es unserem wahren Selbst ermöglichen, sich zu entfalten. Die Gesellschaft lehrt uns, die Grenzen der anderen zu respektieren, um gesunde Beziehungen zu gewährleisten. Um dies zu erreichen, müssen wir unsere Grenzen und persönlichen Grenzen kennen. Co-Abhängige haben schwache Grenzen, vor allem, wenn ihre Grenzen in der Kindheit nicht respektiert wurden. Die Person passt vielleicht nicht ganz in eine der beiden folgenden Kategorien. Zum Beispiel kann er in einigen Situationen (unter engen Freunden) schwache Grenzen haben und in anderen Situationen (unter Bekannten) zu starre Grenzen haben.

Schwache Grenzen

Manche sind so offen und verletzlich, dass andere dies ausnutzen. Die Vorstellung von Liebe und Einheit kann romantisch sein, aber sie sollte nicht mit dem Risiko einhergehen, sich selbst zu verlieren. Wir sind alle einzigartig. Diese Menschen neigen dazu, Ja zu sagen, wenn sie Nein meinen.

Zu viele Grenzen

Andere sind so hochnäsig und starr, dass sie am Ende allein dastehen. In dem Bestreben, sich selbst zu schützen, werden sie distanziert und isoliert.

Ich möchte noch einmal auf Darlene Lancer verweisen, die vier Hauptebenen von Grenzen identifiziert hat.

1. Materielle Grenzen

Dabei geht es um Geld und materielle Besitztümer. Menschen mit schwachen Grenzen erlauben es anderen, sich ihr Eigentum zu leihen und es ohne Rücksicht zu benutzen. Die Menschen nutzen dies aus, weil ihnen der Respekt vor dem Eigentümer fehlt.

2. Emotionale Grenzen

Das ist es, was unsere Gefühle von denen der anderen trennt. Es verhindert, dass wir uns in intimen Beziehungen verlieren.

3. Geistige Grenzen

Dazu gehört die Fähigkeit, eine eigene Meinung zu formulieren und zu vertreten. Menschen mit schwachen geistigen Grenzen lassen sich leicht von den Ideen anderer beeinflussen und verwirren. Dies kann dadurch beeinflusst werden, dass ihre Meinung von klein auf unterdrückt wird.

4. Körperliche und sexuelle Grenzen

Es geht um unser Recht auf persönlichen Raum und Privatsphäre. Es geht um die Grenze zwischen Körperkontakt und Belästigung. Wir können auch Besuche und Telefonanrufe zu ungeraden Stunden hinzufügen.

<u>Übermäßige Abhängigkeit von anderen</u>

Co-Abhängige sind ihrem Namen entsprechend "abhängig" von anderen. Sie brauchen andere Menschen, um glücklich zu sein, also machen sie die Gefühle und Bedürfnisse anderer zu ihren eigenen. Sie investieren nicht in sich selbst und haben kein ideales Selbstwertgefühl entwickelt. Manifestationen sind:

- Angst vor Einsamkeit
- Die Meinung und Ansichten anderer aufgreifen
- Besessenheit von anderen
- Sie geben Ihre Interessen und Ihre Persönlichkeit für andere auf.
- Unfähigkeit, eine destruktive Beziehung zu beenden
- Loyalität gegenüber missbrauchenden Partnern
- Abhängigkeit von Beziehungen und Unfähigkeit, Trennungen zu überwinden.

Furcht vor Ablehnung

Die Angst vor Verlassenheit und Ablehnung beginnt meist schon in der Kindheit. Sie führt zu Unsicherheit und beeinträchtigt ihre Beziehungen im Erwachsenenalter. Manchmal kann sie zu Besessenheit führen. Die meisten Menschen überkompensieren dies in der Regel auf eine der beiden folgenden Arten.

- Indem sie ihr wahres Ich verbergen und versuchen, ein Bild zu vermitteln, von dem sie glauben, dass andere es wollen.
- Indem sie sich völlig ausschließen

Beides verschärft ihr Problem, und sie neigen dazu, unerreichbare Partner anzuziehen.

Übermäßige Abhängigkeit von anderen als Motivation

Eigenmotivation und Kontrolle sind für den Erfolg unerlässlich, aber Co-Abhängigen fehlt der innere Eifer, den sie dafür aufbringen müssen. Sie übernehmen keine Verantwortung für ihr Handeln und neigen dazu, die Kontrolle an andere abzugeben. Ihr Motto lautet: Reagieren statt Agieren. Zu den Erscheinungsformen gehören

- Geringes Selbstwertgefühl
- Schuldzuweisung
- Passivität
- Angst vor Versagen, Veränderung oder Erfolg
- Auf der Suche nach Aufmerksamkeit

Mangelnde Kommunikationsfähigkeit

Kommunikation ist für menschliche Beziehungen unerlässlich, denn so tauschen wir Informationen aus. Ich meine damit sowohl die körperliche als auch die verbale Kommunikation. Da Co-Abhängige so reaktiv sind, sind sie nicht die besten Zuhörer. Sie filtern jedes Gespräch durch ihre Schichten von geringem Selbstwertgefühl und Angst. Es gibt zwei Aspekte der Kommunikation: Reden und Zuhören.

Sprechender

Co-Abhängige sagen normalerweise nicht, was sie sagen wollen, weil sie Angst vor den Reaktionen anderer haben. Sie wollen die Gefühle anderer nicht verletzen, nicht unbeliebt sein oder ihre Beziehungen beschädigen. Sie beabsichtigen, Konflikte zu vermeiden. Dadurch lassen sie sich leicht durch Kritik manipulieren oder werden selbst zu Manipulatoren. Hier sind einige Erscheinungsformen dieses Verhaltens:

- "Ja" sagen, wenn sie "Nein" sagen wollen
- Vermeiden Sie ernste Gespräche oder Gespräche, die zu Konflikten führen können.
- Achten Sie auf ihre Worte und schneiden Sie die Wahrheit zurecht, um die Gefühle anderer nicht zu verletzen.
- Sie machen Versprechungen und Drohungen, die sie nicht einhalten können.
- Vermeiden Sie es, ihre Bedürfnisse und Meinungen zu äußern.

Anhören und Zuhören

Zuhören ist der zweite Aspekt der Kommunikation. Es geht darum, Informationen von außen zuzulassen. Co-Abhängige neigen dazu, sich leicht von den Worten anderer Menschen beeinflussen zu lassen. Es beeinflusst ihre Stimmung und ihre Meinung über sich selbst. Ein paar Worte genügen, um Schaden anzurichten. Es gibt zwei Extrempunkte auf dem Spektrum der Reaktion: Wut und Schweigen. Im Extremfall kann man wütend werden oder verstummen, aber es gibt viele mögliche Reaktionen, die dazwischen liegen. Das Problem besteht darin, sich von den Worten anderer beeinflussen zu lassen.

Beschimpfungen

Dies ist die häufigste Form des emotionalen Missbrauchs. Dabei wird eine abfällige Sprache verwendet, um zu kontrollieren, zu verletzen oder zu manipulieren. Ein Co-Abhängiger kann der Missbraucher oder das Opfer sein. Missbrauch kann in verschiedenen Formen auftreten, von direkt/leicht erkennbar bis indirekt/verschleiert/scherzhaft.

Beispiele für Beschimpfungen sind:

- Schuldzuweisung
- Beschimpfungen
- Kritik an dem Anderen
- Anweisungen
- Necken
- Herabwürdigung und Untergrabung

Kontrolle

Die meisten haben die meiste Zeit ihres Lebens ohne Kontrolle verbracht, mit katastrophalen Folgen. Die Angst vor einer drohenden Katastrophe führt dazu, dass der Co-Abhängige andere Menschen und den Ausgang verschiedener Ereignisse kontrollieren will. Die Kontrolle kann aktiv durch Missbrauch oder passiv sein. Hier sind einige passive Wege, die der Co-Abhängige nutzen kann, um andere zu kontrollieren:

- Isolierung
- Pflege und Betreuung
- Verführung
- Schweigen
- Manipulation
- Geschenksartikel und Geschenke

Manipulation

Es gibt verschiedene Möglichkeiten, um andere indirekt zu kontrollieren und zu beeinflussen. Co-Abhängige sagen immer ja oder passen sich ihrer Wahrnehmung anderer an. Aber sie können sich durch passiv-aggressive Techniken aus früheren Verpflichtungen herauswinden. Dazu gehören die Opferrolle und die

Manipulation von Schuldgefühlen, das Nichterscheinen oder das Nichterfüllen von Erwartungen. Sie erfinden Ausreden, anstatt die Verantwortung für ihr Handeln zu übernehmen.

Fürsorge und Freundlichkeit

Was Co-Abhängige von anderen Pflegern unterscheidet, ist das Gefühl, das sie durch die Pflege bekommen. Fürsorge ist für Co-Abhängige wie eine Sucht. Es ermöglicht ihnen, ihre Schwächen und Bedürfnisse zu verbergen. Außerdem fühlen sie sich dadurch gebraucht, geliebt und unentbehrlich. Schuldgefühle und Ängste sind die Grundlage der Fürsorge, nicht Liebe.

Sie neigen dazu, ihre Hilfe anzubieten, auch wenn sie nicht darum gebeten werden, und andere könnten daraus einen Vorteil ziehen. Der Co-Abhängige kann entweder der Pflegende oder derjenige sein, der gepflegt wird. In beiden Fällen würden sie die Sicherheit der Beziehung nicht verlassen wollen.

Ermöglichung

Co-Abhängige können auch destruktive Verhaltensweisen ermöglichen, indem sie die Folgen solcher Verhaltensweisen beseitigen. Sie versuchen, hinter anderen aufzuräumen, oder nutzen Vetternwirtschaft, um weiterzukommen. Indem sie Menschen vor den Folgen ihrer Handlungen schützen, halten sie sie in Verleugnung und Unwissenheit. Das bedeutet, dass sie in ihrem Bemühen, zu helfen, das Problem nur verschlimmern.

Wut und Groll

Wut muss ausgedrückt werden. Sie wird unterdrückt und manifestiert sich auf andere Weise, wenn sie nicht richtig verarbeitet wird. Co-Abhängige haben eine Menge Grund, wütend zu sein. Die Unsicherheit, die Enttäuschung oder der Verrat in ihrem Leben sind mehr als genug. Hier sind einige der Erscheinungsformen von Wut:

- Aggressivität
- Vorenthaltung von Zuneigung
- Sarkasmus
- Beschimpfungen

Verdrängung und Depression

Ein Co-Abhängiger ist ein Meer von Gefühlen, aber diese Gefühle werden mit der Zeit unterdrückt, was zu Depressionen führt. Dieser Mangel an Gefühlen äußert sich in Traurigkeit und Desinteresse. Co-

Abhängige sehnen sich nach dem Adrenalin und dem Melodrama von Romanzen und komplizierten Beziehungen.

Körperliche Gesundheit

Co-Abhängige können wesentlich schneller altern als ihre Partner und leiden an Krankheiten wie Schlafstörungen, Herzerkrankungen, Verdauungsstörungen, Migräne, Essstörungen und Geschwüren. Sie können auch sexuelle Störungen entwickeln.

Die Verleugnung ist ein wesentlicher Aspekt der Sucht, und wie ich bereits sagte, ist sie der Fluch der Genesung. Es ist ein unbewusster Abwehrmechanismus. Wir tun dies sowohl bewusst als auch unbewusst. Es ist unsere Art, die Realität zu verändern, um uns vor schmerzhaften Tatsachen und Gefühlen zu schützen. Dies sind einige der Ziele der Verleugnung

- Das Verhalten von jemandem ignorieren
- Ihre Gefühle und Bedürfnisse zu ignorieren
- Ihre Co-Abhängigkeit zu verleugnen

Verweigerung

Bei der Verleugnung geht es darum, sich vor der Wahrheit zu verstecken, und es gibt verschiedene Möglichkeiten, dies zu tun, z. B. Lügen, Verdrängen, Rationalisieren, Selbstbetrug, Vergessen und Verharmlosen.

Bewusstheit ist der erste Schritt zur Besserung. Daniel Boorstin sagte: "Der größte Feind des Wissens ist nicht Unwissenheit, sondern die Illusion von Wissen. Die Verleugnung an sich ist eine Illusion des Wissens, aber die größere Illusion entsteht, wenn ein Co-Abhängiger das Programm durchläuft und glaubt, dass er/sie geheilt ist, nur damit sich das Verhalten wieder einschleicht. Dies ist ähnlich wie bei jeder anderen Sucht, und der Süchtige muss sich dessen bewusst sein, um seinen Fortschritt nicht zu gefährden.

CO-ABHÄNGIGKEITSTESTS

Ich werde in diesem Kapitel drei Tests zur Beurteilung der Co-Abhängigkeit anbieten. Die Tests werden Ihnen helfen, Verhaltensmuster zu erkennen. Der Schweregrad der Symptome ist von Person zu Person unterschiedlich.

Test eins

Der erste Test stammt von der Composite Codependency Scale, die in einem Artikel mit dem Titel "Development and validation of a revised measure of codependency" (Entwicklung und Validierung

eines überarbeiteten Maßes für Ko-Abhängigkeit), c 2011 *Australian Journal of Psychology* (Wiley), veröffentlicht wurde.
Einfache "Ja"- oder "Nein"-Antworten reichen aus. Co-Abhängige antworten auf die folgenden Fragen eher mit Ja.

1. Ich versuche, Ereignisse und Menschen durch Hilflosigkeit, Schuldgefühle, Zwang, Drohungen, Ratschläge, Manipulation oder Beherrschung zu kontrollieren
2. Ich habe Angst davor, andere Menschen so sein zu lassen, wie sie sind, und den Ereignissen ihren Lauf zu lassen
3. Ich versuche, Ereignisse zu kontrollieren und zu bestimmen, wie sich andere Menschen verhalten sollen
4. Ich fühle mich genötigt oder gezwungen, anderen bei der Lösung ihrer Probleme zu helfen (z. B. durch Ratschläge)
5. Ich habe das Gefühl, dass ohne meinen Einsatz und meine Aufmerksamkeit alles auseinanderfallen würde
6. Ich lebe zu sehr nach den Maßstäben anderer Leute
7. Ich ziehe eine Show ab, um die Leute zu beeindrucken; ich bin nicht die Person, die ich vorgebe zu sein
8. Um zurechtzukommen und gemocht zu werden, muss ich so sein, wie die Leute mich haben wollen
9. Ich muss mich die meiste Zeit entschuldigen oder für mich entschuldigen
10. Ich stelle die Bedürfnisse meiner Familie immer über meine eigenen Bedürfnisse
11. Es ist meine Verantwortung, meine Energie darauf zu verwenden, geliebten Menschen bei der Lösung ihrer Probleme zu helfen
12. Egal, was passiert, die Familie steht immer an erster Stelle
13. Ich stelle die Bedürfnisse anderer oft über meine eigenen
14. Was ich fühle, ist nicht wichtig, solange es denen, die ich liebe, gut geht
15. Weil es egoistisch ist, kann ich meine eigenen Bedürfnisse nicht über die Bedürfnisse anderer stellen
16. Wenn ich hart genug arbeite, sollte ich in der Lage sein, fast jedes Problem zu lösen oder die Dinge für die Menschen zu verbessern
17. In mir stauen sich oft Gefühle an, die ich nicht ausdrücken kann
18. Ich habe meine Emotionen gut unter Kontrolle

19. Ich behalte meine Gefühle für mich und mache eine gute Fassade auf.
20. Es ist mir unangenehm, meine Gefühle mit anderen zu teilen
21. Normalerweise lasse ich andere nicht mein "wahres Ich" sehen.
22. Ich verstecke mich, damit mich niemand wirklich kennt
23. Ich verdränge schmerzhafte Gedanken und Gefühle aus meinem Bewusstsein
24. Sehr oft versuche ich nicht, mich mit Leuten anzufreunden, weil ich denke, dass sie mich nicht mögen werden
25. Ich setze ein fröhliches Gesicht auf, wenn ich traurig oder wütend bin

Test zwei

Der zweite Test auf dieser Liste wurde von CoDa entwickelt, um eine Person zu bewerten und festzustellen, ob sie vom Zwölf-Schritte-Programm profitieren kann. Es handelt sich um eine Zusammenstellung von Verhaltensmustern und eine Antwort von "Ja" oder "Nein" reicht aus.

- Verleugnungsmuster:

Ich habe Schwierigkeiten zu erkennen, was ich fühle.
Ich verharmlose, verändere oder verleugne meine wahren Gefühle.
Ich empfinde mich selbst als völlig uneigennützig und dem Wohl der anderen verpflichtet.
Mir fehlt es an Empathie für die Gefühle und Bedürfnisse anderer.
Ich stemple andere mit meinen negativen Eigenschaften ab.
Ich kann ohne fremde Hilfe für mich selbst sorgen.
Ich maskiere meinen Schmerz auf verschiedene Weise, z. B. durch Wut, Humor oder Isolation.
Ich drücke Negativität oder Aggression auf indirekte und passive Weise aus.
Ich erkenne nicht die Unverfügbarkeit der Menschen, zu denen ich mich hingezogen fühle.

- Geringes Selbstwertgefühl:

Ich habe Schwierigkeiten, Entscheidungen zu treffen.
Ich beurteile das, was ich denke, sage oder tue, streng, weil es nie gut genug ist.
Es ist mir peinlich, Anerkennung, Lob oder Geschenke zu erhalten.
Ich schätze die Zustimmung anderer zu meinem Denken, Fühlen und Verhalten mehr als meine eigene.

Ich halte mich nicht für einen liebenswerten oder wertvollen Menschen.
Ich suche ständig nach Anerkennung, die ich meiner Meinung nach verdient habe.
Es fällt mir schwer zuzugeben, dass ich einen Fehler gemacht habe.
Ich muss in den Augen der anderen richtig erscheinen und würde sogar lügen, um gut dazustehen.
Ich bin nicht in der Lage, andere zu bitten, meine Bedürfnisse oder Wünsche zu erfüllen.
Ich nehme mich selbst gegenüber anderen als überlegen wahr.
Ich erwarte von anderen, dass sie mir ein Gefühl der Sicherheit vermitteln.
Ich habe Schwierigkeiten, Projekte in Angriff zu nehmen, Fristen einzuhalten und sie zu Ende zu bringen.
Es fällt mir schwer, gesunde Prioritäten zu setzen.

- Einhaltungsmuster:

Ich bin extrem loyal und bleibe zu lange in schädlichen Situationen.
Ich kompromittiere meine Werte und meine Integrität, um Ablehnung oder Ärger zu vermeiden.
Ich stelle meine Interessen zurück, um zu tun, was andere wollen.
Ich bin hypervigilant gegenüber den Gefühlen anderer und übernehme diese Gefühle.
Ich habe Angst, meine Überzeugungen, Meinungen und Gefühle zu äußern, wenn sie von denen anderer abweichen.
Ich akzeptiere sexuelle Aufmerksamkeit, wenn ich lieben will.
Ich treffe Entscheidungen ohne Rücksicht auf die Konsequenzen.
Ich gebe meine Wahrheit auf, um die Zustimmung anderer zu gewinnen oder um Veränderungen zu vermeiden.

- Kontrollmuster:

Ich glaube, dass die meisten Menschen nicht in der Lage sind, für sich selbst zu sorgen.
Ich versuche, andere davon zu überzeugen, was sie denken, tun oder fühlen sollen.
Ich gebe anderen unaufgefordert Ratschläge und Anweisungen.
Ich werde nachtragend, wenn andere meine Hilfe ablehnen oder meinen Rat zurückweisen.
Ich überhäufe die Menschen, die ich beeinflussen möchte, mit Geschenken und Gefälligkeiten.

Ich benutze sexuelle Aufmerksamkeit, um Anerkennung und Akzeptanz zu erlangen.
Ich muss gebraucht werden, um eine Beziehung zu anderen zu haben.
Ich verlange, dass andere meine Bedürfnisse erfüllen.
Ich setze Charme und Charisma ein, um andere von meiner Fähigkeit zu überzeugen, fürsorglich und mitfühlend zu sein.
Ich benutze Schuld und Scham, um andere emotional auszubeuten.
Ich weigere mich, zu kooperieren, Kompromisse einzugehen oder zu verhandeln.
Ich nehme eine Haltung der Gleichgültigkeit, der Hilflosigkeit, der Autorität oder der Wut ein, um Ergebnisse zu manipulieren.
Ich verwende Begriffe der Genesung, um das Verhalten anderer zu kontrollieren.
Ich gebe vor, mit anderen übereinzustimmen, um zu bekommen, was ich will.

- Vermeidungsmuster:

Ich verhalte mich in einer Weise, die andere dazu einlädt, mich abzulehnen, zu beschämen oder mir gegenüber Wut zu zeigen.
Ich beurteile, was andere denken, sagen oder tun.
Ich vermeide emotionale, körperliche oder sexuelle Intimität, um Distanz zu wahren.
Ich lasse zu, dass meine Abhängigkeit von Menschen, Orten und Dingen mich davon ablenkt, Intimität in Beziehungen zu erreichen.
Ich benutze indirekte und ausweichende Kommunikation, um Konflikte oder Konfrontationen zu vermeiden.
Ich schränke meine Fähigkeit, gesunde Beziehungen zu führen, ein, indem ich mich weigere, alle Hilfsmittel der Genesung zu nutzen.
Ich unterdrücke meine Gefühle oder Bedürfnisse, um mich nicht verletzlich zu fühlen.
Ich ziehe die Leute zu mir hin, aber wenn sie mir nahe kommen, stoße ich sie weg.
Ich weigere mich, meinen Eigenwillen aufzugeben, um mich nicht einer Macht zu unterwerfen, die größer ist als ich selbst.
Ich glaube, dass das Zeigen von Emotionen ein Zeichen von Schwäche ist.
Ich halte mich mit Worten der Wertschätzung zurück.

Test drei

Dieser Test wurde aus den Seiten eines Al-Anon-Handbuchs entnommen. Er ist für jeden gedacht, der einen Trinker in seinem Leben hat, aber er funktioniert auch für diejenigen, die in einer Beziehung zu einem Süchtigen oder Missbraucher stehen.

Hier sind die Fragen:

1. Sind Sie ständig auf der Suche nach Anerkennung und Bestärkung?
2. Erkennen Sie Ihre Leistungen nicht an?
3. Haben Sie Angst vor Kritik?
4. Überanstrengen Sie sich?
5. Hatten Sie Probleme mit Ihrem zwanghaften Verhalten?
6. Haben Sie ein Bedürfnis nach Perfektion?
7. Sind Sie unruhig, wenn Ihr Leben reibungslos verläuft, und rechnen Sie ständig mit Problemen?
8. Fühlen Sie sich in einer Krise lebendiger?
9. Fühlen Sie sich immer noch für andere verantwortlich, so wie Sie es für den Problemtrinker in Ihrem Leben getan haben?
10. Fällt es Ihnen leicht, sich um andere zu kümmern, aber es fällt Ihnen schwer, für sich selbst zu sorgen?
11. Isolieren Sie sich von anderen Menschen?
12. Reagieren Sie mit Angst auf Autoritätspersonen und wütende Menschen?
13. Haben Sie das Gefühl, dass Sie von Einzelpersonen und der Gesellschaft im Allgemeinen ausgenutzt werden?
14. Haben Sie Probleme mit intimen Beziehungen?
15. Verwechseln Sie Mitleid mit Liebe, wie Sie es bei dem Problemtrinker getan haben?
16. Ziehen Sie Menschen an oder suchen Sie Menschen, die zu Zwängen und/oder Missbrauch neigen?
17. Klammern Sie sich an Beziehungen, weil Sie Angst vor dem Alleinsein haben?
18. Misstrauen Sie oft Ihren Gefühlen und den Gefühlen, die andere ausdrücken?
19. Fällt es Ihnen schwer, Ihre Gefühle zu erkennen und auszudrücken?
20. Glauben Sie, dass der Alkoholkonsum einer anderen Person Sie beeinträchtigt haben könnte?

KAPITEL 3
DIE WURZELN DER CO-ABHÄNGIGKEIT

Wie die meisten Störungen lässt sich auch die Co-Abhängigkeit auf die frühe Entwicklung zurückführen. Vom Moment unserer Geburt an sind wir von anderen Menschen abhängig. Wir brauchen Einfühlungsvermögen, Aufmerksamkeit, Pflege und Nahrung von unseren Bezugspersonen. Die Mutter ist die Hauptbezugsperson. Diese Art der Pflege ist unbewusst und wird von der Persönlichkeit der Pflegeperson beeinflusst. Kinder profitieren während ihrer Entwicklung von diesen verbalen und nonverbalen Hinweisen. Dies hat einen erheblichen Einfluss auf ihre Persönlichkeit. Die Entwicklung des Selbst beginnt etwa im Alter von vier bis sechs Monaten. Dieser Zeitraum ist für den Prozess von entscheidender Bedeutung. Das Verhalten der Eltern, insbesondere der Mutter, kann darüber entscheiden, ob sich das Kind zu einem vollwertigen Selbst mit angemessenen Grenzen entwickelt oder nicht.

Einfühlungsvermögen ist sehr wichtig. Die Mutter verfügt in der Regel über viel Einfühlungsvermögen für ihr Kind. Ihre Fähigkeit, das Verhalten ihres Kindes zu spiegeln und intuitiv die richtige Reaktion darauf zu erzeugen, hilft dem Kind, einen Glauben an seine innere Überzeugung und seine Gefühle zu entwickeln. Es beginnt zu verstehen, dass es in Ordnung ist, einzigartig zu sein.

Andererseits hat eine unzureichende Pflege schädliche Folgen. Zu viel Zuwendung und zu wenig Zuwendung haben ihre Auswirkungen. Zu viel Zuwendung kann dazu führen, dass das Kind sie in der Zukunft verhängnisvollerweise sucht, während zu wenig Zuwendung zu Verlassenheitsängsten und Unterdrückung führen kann.

Es gibt eine klare Grenze zwischen einer gesunden und einer ungesunden Erziehung. Leo Tolstoi sagte: "Glückliche Familien sind alle gleich; jede unglückliche Familie ist auf ihre Weise unglücklich." Das bedeutet, dass alle möglichen Faktoren zusammenspielen müssen, damit die Dinge gut laufen, und ein einziger dieser Faktoren kann alles ruinieren. Oder sollte ich sagen, es gibt mehrere Möglichkeiten, wie die Dinge schief gehen können, und das werden sie wahrscheinlich auch. Das ist der Grund, warum es so viele gestörte Menschen und Familien gibt. Werfen wir einen Blick auf einige Faktoren, die zu einer ungesunden Erziehung beitragen können.

INTOLERANZ

Eine Familie sollte ein sicherer Ort sein, an dem jedes Mitglied seine Ansichten und Meinungen ohne Scham und Angst vor Vorwürfen mitteilen kann. Wenn diese Ansichten falsch sind, sollten die Erziehungsberechtigten und die aufgeklärteren Mitglieder ihre Angehörigen korrigieren. Dies wird verletzt, wenn die Vormünder autokratisch sind und die Jugendlichen daran hindern, sich ihre eigene Meinung zu bilden. Dadurch werden sie ermutigt, ihre Persönlichkeit und ihr inneres Selbst zu verleugnen. Diese werden zur Grundlage für ihr Verhalten in der öffentlichen und gefährlichen Außenwelt.

VERLEUGNUNG UND GEHEIMHALTUNG

Geheimnisse und Verleugnung sind Partner. Manche Erwachsene ziehen es vor, Probleme zu ignorieren und sie vor ihren Schützlingen zu verbergen. Kinder bemerken diese Dinge, und das wirkt sich auf ihr Verhalten aus. Sie beginnen, an ihrer Wahrnehmung zu zweifeln, denn wenn Mama und Papa sagen, dass alles in Ordnung ist, dann muss es auch so sein. Dies geht einher mit Verheimlichung, um sie davon abzuhalten, über ihre Probleme zu sprechen. Sie entwickeln Scham und Schuldgefühle aufgrund der fehlenden Kommunikation, vor allem, wenn es zur Scheidung kommt und die Familie zerbricht.

ABGRENZUNGSFRAGEN

Diese haben wir in einem früheren Kapitel analysiert. Grenzen werden von der Kindheit an schrittweise aufgebaut, während wir uns entwickeln. Es gibt ein Gleichgewicht zwischen dem Respektieren von Grenzen und dem gegenseitigen Gewähren von zu viel Raum. Eltern, die diese Grenze nicht einhalten, haben oft negative Auswirkungen auf ihre Kinder. Auch innerhalb der Kernfamilie müssen Grenzen respektiert werden. Es sollte sich um Grenzen zwischen Eltern und ihren Kindern und zwischen Geschwistern handeln. Dadurch wird unangemessenes Verhalten verhindert.

DYSFUNKTIONALE VORSCHRIFTEN

Regeln sind dazu da, uns zu schützen. Autoritätspersonen formulieren Regeln und setzen sie durch, und ohne sie herrscht Chaos. Eltern können zu streng sein und unterentwickelte Kinder großziehen, oder sie können zu lasch sein und Wildlinge großziehen. Regeln können direkt oder indirekt sein.

WIDERSPRÜCHLICHKEIT UND UNVORHERSEHBARKEIT

Wir brauchen Beständigkeit in unserem Leben, besonders in der Kindheit. Sie gibt uns ein Gefühl der Kontrolle und Stabilität, ohne die wir uns hilflos und verwirrt fühlen. Ein Kind hat bereits wenig Kontrolle über sein Leben, daher ist es Aufgabe der Erwachsenen, für Stabilität zu sorgen. Das Kind fühlt sich sicher, weil es weiß, was es zu erwarten hat und dass jemand die Kontrolle hat. Das ist unserem Glauben an Gott sehr ähnlich, der alles kontrolliert, worüber wir keine Kontrolle haben. Deshalb nennen wir ihn den Vater, oder in manchen Religionen die Mutter. Es ist einfacher, als zu glauben, dass man auf einem kleinen Felsen in einem viel größeren Universum, mitten im Nirgendwo, treibt.

MISSBRAUCH

Jetzt kommen wir zu den großen Jungs. Diejenigen, die sich direkt auf ihre Persönlichkeit auswirken. Missbrauch kommt in verschiedenen Formen und Ausprägungen vor. Es handelt sich um eine regelrechte Epidemie, aber sie wird noch alarmierender, wenn man die verschiedenen Formen betrachtet, die sie annehmen kann. Sie verletzt den Einzelnen und beeinträchtigt sein Selbstwertgefühl. Der Missbraucher ist in der Regel eine mächtigere Person wie ein Elternteil, eine ältere Person oder eine Autoritätsperson. Man lebt in ständiger Angst, weil man nicht weiß, wann der nächste kommt. Der schlimmste Teil des Missbrauchs ist der Kreislauf. Missbrauchstäter sind höchstwahrscheinlich selbst Opfer von Missbrauch gewesen. Sie können in ihren Opfern weitere Missbraucher schaffen. Missbrauch muss nicht zwangsläufig körperlich, aggressiv oder illegal sein. Die Opfer haben oft Probleme mit ihren Gefühlen oder werden in missbräuchliche Beziehungen verwickelt, wenn sie aufwachsen. Sie können in diesen Beziehungen Täter oder Opfer sein. Der Missbrauch muss nicht gegen das Kind gerichtet sein. Auch Kinder, die Zeuge der Misshandlung durch einen nahestehenden Menschen wie einen Elternteil oder ein Geschwisterkind werden, sind betroffen. Hier sind einige Formen des Missbrauchs:

Vernachlässigung

Ein Kind kann der Fürsorge und Unschuld der Kindheit beraubt werden, wenn die Eltern nicht für angemessene emotionale und materielle Bedürfnisse sorgen. Ein absichtlicher oder unabsichtlicher Mangel an Aufsicht und grundlegenden Annehmlichkeiten ist ein Zeichen von Vernachlässigung. Dies kann auf Inkompetenz,

Krankheit oder Drogenmissbrauch seitens der Eltern zurückzuführen sein. Das Problem verschärft sich, wenn ein Elternteil so invalide wird, dass das Kind für ihn sorgen muss.

Körperlicher Missbrauch

Dazu gehört körperliche Gewalt gegen das Kind oder gegen Sachen. Diese Handlungen werden in der Regel begangen, um den emotionalen Zustand des Missbrauchs zu befriedigen. Sie flößen dem Kind Angst ein.

Sexueller Missbrauch

Unangemessenes sexuelles Verhalten, von Berührungen bis hin zu Andeutungen und tatsächlichem Geschlechtsverkehr, der an das Kind gerichtet ist oder von ihm beobachtet wird. Beide Parteien können zustimmen und sich an dem Akt erfreuen, aber das macht ihn nicht zu dem, was er ist: "sexueller Missbrauch". Die Folgen des sexuellen Missbrauchs beeinträchtigen die Lebensentscheidungen des Opfers und seine Anpassung an die Gesellschaft.

Emotionaler und spiritueller Missbrauch

Der Entzug von Zuneigung und Beschimpfungen sind die Hauptbestandteile des emotionalen Missbrauchs. Eltern können auch vorübergehendes oder dauerhaftes Verlassen als Bestrafung einsetzen. Sie manipulieren ihre Kinder aufgrund ihres persönlichen Hintergrunds. Dadurch wird das Kind gebrochen und ungeliebt, was sich auf sein Erwachsenenleben und seine Beziehungen zu anderen auswirkt.

Noch schlimmer wird es, wenn die Religion ins Spiel kommt. Wir alle kennen die Geschichten von Kindern, die in religiösen Sekten aufgewachsen sind, und von dem Missbrauch, dem sie ausgesetzt sind, aber bei scheinbar normalen Familien mit dogmatischen Ansichten über Religion kann es noch viel schlimmer sein. Dabei spielt es keine Rolle, ob die Ansichten religiös oder atheistisch sind. Dogmen können für ein Kind verwirrend sein und Selbstzweifel hervorrufen. Es kann extrem werden, wenn das Kind eine sexuelle oder religiöse Orientierung hat, die für die Eltern unorthodox ist.

Substanzmissbrauch

Wir kommen zum letzten und wahrscheinlich am häufigsten vorkommenden Faktor. In den Familien von Alkoholikern ist die Zahl der Mitabhängigen am höchsten. Süchtige missbrauchen und verursachen eine Menge Ärger für ihre Familie, und Kinder sind anfälliger für ihren Einfluss. Das Gefühl von Schuld und Scham hält bis ins Erwachsenenalter an. Süchtige sind unberechenbar. Sie bringen eine Menge Verwirrung und Instabilität in das Leben ihrer Angehörigen. Jeder in ihrem Umfeld lebt in Erwartung des nächsten Vorfalls oder Ausbruchs.

Der nicht süchtige Elternteil versucht vielleicht, die Kinder vor der Sucht seines Ehepartners zu schützen. Sie wird auch versuchen, die Sucht des Ehepartners aus Scham vor anderen zu verbergen. Dadurch wird sie sich wahrscheinlich von der Hilfe abkapseln und am Ende die Last allein tragen. Wenn ihr der Stress zu schaffen macht, kann sie anfangen, sich daneben zu benehmen. Diese Verhaltensänderung kann für die Kinder, den Süchtigen oder für sie selbst missbräuchlich sein. In jedem Fall ist es für niemanden eine angenehme Erfahrung.

Anpassung oder sagen wir Kompensation ist eine der wichtigsten Eigenschaften der Menschen. Die Theorie des österreichischen Psychotherapeuten Alfred Adler zur Psychologie basiert auf dem Minderwertigkeitskomplex. Er sagt, dass wir, weil wir verletzlich und minderwertig geboren werden, dazu neigen, dies in unserer Persönlichkeit zu kompensieren. Das lässt sich auf die Kinder in dieser Situation anwenden. Sie haben nicht viel Macht, aber sie können ihre Persönlichkeit an die Situation anpassen. Die Reaktion der Kinder variiert von denen, die versuchen, andere Familienmitglieder zu beschützen, über Rückzug bis hin zur Verwendung von Komik, um ihren Schmerz zu verbergen oder sich aufzuspielen.

Abschnitt - B
Der Weg zur Heilung und Genesung

KAPITEL 4
HILFE ERHALTEN

Nach dem Bewusstsein kommt die Genesung. Die Genesung ist eine einsame Reise. Sie sind auf sich allein gestellt, und das ist richtig so. Sie erfordert viel Engagement und harte Arbeit. Es wird Hochs und Tiefs geben, und Sie werden frustriert sein. Sie dürfen nicht vergessen, dass es zu Ihrem persönlichen Vorteil ist. Wachstum und Veränderung sind das Ziel der Genesung. Sie verlangt von Ihnen, dass Sie Verantwortung übernehmen, denn Sie können nur das ändern, worauf Sie Einfluss haben. Co-Abhängigkeit ist eine Gewohnheit, und der Genesungsprozess besteht darin, die Gewohnheit zu durchbrechen und neue zu schaffen. Es ist eine Welt der Wiederholung, und Sie müssen diese neuen Gewohnheiten bewusst wiederholen, bis sie sich in Ihrem Unterbewusstsein festgesetzt haben. Geduld ist das A und O in diesem Spiel. Es ist in Ordnung, wenn Sie stolpern oder schwanken, solange Sie wieder aufstehen und weiterkämpfen. Denken Sie immer daran, dass die Genesung eine persönliche Reise ist. Sie müssen sich selbst an die erste Stelle setzen, und das erfordert, dass Sie um Hilfe bitten, wenn Sie sie brauchen.

Manche Menschen haben mehr als ein Suchtproblem. Wenn Sie zum Beispiel mit Alkoholismus und Co-Abhängigkeit zu kämpfen haben, ist es besser, die Nüchternheit von Ihrer primären Sucht (Alkoholismus) zu erreichen, bevor Sie an der sekundären Sucht (Co-Abhängigkeit) arbeiten.

HILFE UND UNTERSTÜTZUNG ERHALTEN

Co-Abhängige verstecken sich oft aus Scham und Angst. Das hält sie davon ab, Hilfe in Anspruch zu nehmen. Für Co-Abhängige ist es eine große Anstrengung, ihr Vertrauen loszulassen und sich an Außenstehende zu wenden. Sie müssen diese Angst überwinden und sich aktiv um professionelle Hilfe bemühen. Hilfe ist nicht der einzige Vorteil, wenn man sie in Anspruch nimmt; man erhält auch Unterstützung. Die Genesung ist ein schwieriger Weg, und die Unterstützung durch andere kann Sie vor dem Schwanken bewahren und Sie in Ihren Tiefphasen aufrichten. Sie bieten Freundschaft, Erfahrung, Ermutigung und Hoffnung. Familie und Freunde können unterstützend wirken, aber die beste Hilfe kommt von Fachleuten und Menschen, die Erfahrung mit Co-Abhängigkeit haben. Und diese Menschen sind in der Regel Außenseiter. Letzten

Endes müssen Sie daran denken, dass es bei der Genesung um Sie selbst geht. Die meisten Menschen, insbesondere Nichtfachleute wie Familie und Freunde, bringen in der Regel ihre eigenen Meinungen und Ziele in die angebotene Hilfe ein.
Sie können sich an verschiedene Stellen wenden, z. B. an Hotlines, Psychotherapie oder Selbsthilfegruppen.

Selbsthilfegruppen

Das Zwölf-Schritte-Programm
Selbsthilfegruppen sind ein wertvolles Geschenk Gottes zur Heilung. Sie werden Menschen treffen, die mit ähnlichen Problemen zu kämpfen haben und die sich in verschiedenen Stadien der Genesung befinden. Es gibt verschiedene Selbsthilfegruppen mit unterschiedlichen Methoden, aber wir werden uns auf die Zwölf-Schritte-Programme konzentrieren. Einige Aspekte des Zwölf-Schritte-Programms können für manche Menschen zu spirituell sein, aber Sie müssen nicht religiös sein, um davon zu profitieren. Sie müssen nicht sicher sein, dass Sie abhängig sind, bevor Sie an den Treffen teilnehmen. Sie müssen auch nicht die Hand heben, um etwas zu sagen oder mitzuteilen. Die Teilnahme ist an keine Bedingungen geknüpft, aber wenn Sie es mit dem Programm ernst meinen und die Vorteile nutzen wollen, sollten Sie mindestens sechs Monate lang teilnehmen. Hier sind einige der Vorteile, die sie bieten:

- Eine Fülle von Erfahrungen und Einsichten: Wenn Sie anderen Menschen zuhören, die ihre Geschichten erzählen, lernen Sie aus ihren Erfahrungen und gewinnen Einsichten für Ihr Verhalten.
- Ermutigung und Stärkung: Wenn Sie von den Kämpfen und Fortschritten anderer Menschen hören, werden Sie Hoffnung und Ermutigung finden.
- Motivation: Die Programme bieten motivierende Literatur und Unterstützung
- Beratung und Patenschaft: Es gibt persönliche Beziehungen zu erfahrenen Paten. Die Paten sind schon seit Jahren im Programm. Ihr Pate fungiert als Führer, der Sie anleitet und unterstützt. Der Pate nimmt sich Zeit für Sie, hört sich Ihre Probleme an und bietet Ihnen persönliche Beratung und Ermutigung.
- Anonymität: Ihre Privatsphäre steht an erster Stelle.
- Kontinuierliche Hilfe (täglich oder wöchentlich)

- Freundschaft: Sie finden Freunde, die sich auf einem ähnlichen Weg befinden. Sie verstehen den Zustand des anderen und finden die effektivsten Wege, sich gegenseitig zu helfen.

Wie man ein Treffen findet

Es gibt viele Selbsthilfegruppen, die auf den Zwölf Schritten der Anonymen Alkoholiker (AA) basieren. Diese Programme unterscheiden sich in ihrer Arbeitsweise und ihren Schwerpunkten. Sie können diese Programme und ihre Standorte online finden. Es ist effektiver, an den Treffen vor Ort teilzunehmen, aber viele der Programme bieten auch Handy- und Online-Treffen an. Auf der Website der jeweiligen Gruppe finden Sie die Treffpunkte in Ihrer Nähe. Beginnen Sie damit, ein paar Mal pro Woche an Treffen teilzunehmen. Wenn Sie nicht in der Lage sind, sich selbst um den Transport zu kümmern, können einige Programme Sie mit jemandem verbinden, der Sie zum Treffpunkt und zurück bringt.

Liste einiger Zwölf-Schritte-Programme:

- Co-Dependents Anonymous (CoDA): Das Motto von CoDa lautet: **"Sei dir selbst treu".** Ihr einziger Schwerpunkt ist die Co-Abhängigkeit.
- AI-Anon-Familiengruppen: Dies ist die älteste Selbsthilfegruppe für Co-Abhängige. Sie richtet sich an Angehörige von Alkoholikern, wie Eltern, Kinder und Ehepartner.
- Erwachsene Kinder von Alkoholikern (ACA oder ACoA): Für Menschen, die in einem alkoholkranken oder dysfunktionalen Elternhaus aufgewachsen sind.
- Co-Abhängige von Sexsüchtigen (COSA): Für Menschen, die von Sexsüchtigen abhängig sind.
- Co-Anon: Für Angehörige und Freunde von Kokainabhängigen.
- Nar-Anon: für Menschen, die vom Drogenmissbrauch anderer Menschen betroffen sind.
- CoSex and Love Addicts Anonymous (COSLAA): Für Angehörige und Freunde von Sex- und Liebessüchtigen.
- Recovering Couples Anonymous (RCA): Für Paare mit jeglicher Sucht, die eine gesunde Beziehung anstreben.

Psychotherapie

Sie können gleichzeitig an Therapiesitzungen und Selbsthilfegruppen teilnehmen. Sie können auch eine Therapie anstelle einer Selbsthilfegruppe in Anspruch nehmen. Zugelassene Therapeuten, Berater und Sozialarbeiter sind eine gute Option für eine Einzelbehandlung. Diese Fachleute haben einen Master- oder Doktortitel. Einige können Medikamente zur Behandlung von Symptomen wie Schlafstörungen und Stimmungsschwankungen verschreiben. Obwohl Psychotherapie ein spezialisierter Beruf ist, haben einige von ihnen Erfahrung mit Co-Abhängigkeit. Sie können Ihnen helfen, die Ursache des Problems herauszufinden und einen Plan zu entwickeln. Eine Psychotherapie kann teuer sein, aber Sie können sie über Ihre Krankenkasse abrechnen. Die Kosten hängen von Ihrem Tarif ab und davon, ob der Therapeut Ihrem Netz angehört oder nicht. Wählen Sie einen erfahrenen Therapeuten. Stellen Sie außerdem sicher, dass Sie sich bei Ihrem Therapeuten wohlfühlen. Hier sind einige der Vorteile einer Psychotherapie:

- Intimität
- Individuelle Konsultationen
- Beratung für Paare und Familien
- Expertenperspektive und Beratung
- Gründliche Analyse
- Datenschutz

Individuelle Therapie

Die Einzeltherapie ist ein persönliches Programm. Sie ist nur für Sie bestimmt, damit Sie gehört werden. Ihr Therapeut wird Ihnen als Individuum zuhören. Sie hilft Ihnen, sich auf sich selbst zu konzentrieren. Sie können Ihre persönlichen Probleme lösen und Ihr Selbstwertgefühl verbessern.

Beratung für Paare

Dies ermöglicht es dem Paar, seine Probleme gemeinsam zu lösen. Beide Partner müssen sich engagieren, damit die Sitzungen funktionieren. Der Therapeut kann sich so ein Bild von der Dynamik der Beziehung machen. Der Therapeut kann beschließen, Sie nur als Paar zu sehen oder sich Zeit für Einzelsitzungen zu nehmen.

KAPITEL 5
WIE SIE SICH SELBST HEILEN KÖNNEN

Wir haben die Idee der Genesung erörtert und in "Was hat sie abhängig gemacht" die Wurzeln der Co-Abhängigkeit diskutiert. Ich habe analysiert, wie sie in der Kindheit und frühen Entwicklung beginnt. Jetzt werden wir die Idee der Heilung des inneren Selbst oder des inneren Kindes diskutieren. Ihr inneres Kind bringt Ihnen die wichtigsten Eigenschaften zurück, die Ihnen aufgrund der Co-Abhängigkeit fehlen. Es erlaubt Ihnen, Ihre Unvollkommenheiten, Ihre Phantasie und Ihren Enthusiasmus anzunehmen. Sie werden weniger selbstkritisch und lernen, im Augenblick zu leben. Versuchen Sie, offener, fröhlicher und verletzlicher zu sein, wie ein Kind.

Sie müssen sich um Ihr inneres Selbst kümmern, und ich werde Ihnen einige Tipps und Übungen geben.

SICH MIT SEINEM INNEREN SELBST ANFREUNDEN

Sie haben es vernachlässigt und versäumt, Ihr inneres Selbst zu schützen. Diese Situation muss behoben werden. Der erste Schritt besteht darin, Ihr inneres Selbst anzunehmen und den Heilungsprozess zu beginnen. Ziel dieser Maßnahmen ist es, sich wieder mit Ihrem inneren Selbst zu verbinden und Ihre Loyalität zu sich selbst zu bekräftigen.

1. Viele Menschen meditieren heute, weil es funktioniert. Es ermöglicht Ihnen, Frieden und Ruhe zu erfahren. Sie können sich dann ohne äußere Einflüsse wieder mit Ihrem inneren Selbst verbinden. Setzen Sie sich auf eine Couch, legen Sie den Kopf zurück und entspannen Sie Ihren Körper vollständig. Dann ignorieren Sie die Außenwelt und ziehen sich in sich selbst zurück. Das kann einige Minuten dauern, Sie brauchen sich also nicht zu beeilen. Versetzen Sie sich dann in Ihre jüngeren und glücklicheren Tage zurück. Wahrscheinlich handelt es sich um einfachere Zeiten in Ihrer Kindheit, bevor Sie Ihre Unschuld verloren haben. Verbinden Sie sich wieder mit Ihrem inneren Kind und erkunden Sie mit ihm die verschiedenen Räume. Geben Sie ihm all das Mitgefühl und die Fürsorge, die Sie ihm vorenthalten haben. Versuchen Sie, seine Hoffnungen und Träume kennenzulernen, bevor die Dinge sich zu ändern begannen. Dann ermutigen Sie ihn und versichern Sie ihm Ihre Loyalität.

2. Beginnen Sie, ein Tagebuch über Ihr Leben und Ihre Meinung dazu zu führen. Schreiben Sie nicht nur Geschichten und Ereignisse auf, sondern kommentieren und analysieren Sie diese Situationen. Das ist ein allmählicher Prozess, der Zeit braucht. Sie können über Ihre Ambitionen schreiben und darüber, wie Sie Ihre Bedürfnisse vernachlässigt haben. Bei dieser Übung geht es darum, sich selbst die Hand zu reichen und zuzuhören. Sie hilft Ihnen, die täglichen Verhaltensmuster zu erkennen, so dass Sie entscheiden können, wie es weitergehen soll.

IHR INNERES SELBST SCHÜTZEN

Nach der Wiedervereinigung müssen Sie Ihr inneres Selbst schützen und verhindern, dass es sich zurückzieht. Betrachten Sie Ihr inneres Selbst als ein verletzliches Kind, das geschützt werden muss. Die Faktoren, die Sie dazu gebracht haben, Ihr Selbst zu verstecken, sind immer noch in der Welt. Sie können in verschiedenen Formen und Gestalten auftreten, und Sie dürfen sich nicht zurückziehen oder in Angst kauern. Der Unterschied zwischen jetzt und früher sind Sie. Sie sind älter, stärker und weiser. Die Faktoren können extern oder intern sein. Sie müssen die Rolle des Verteidigers übernehmen. Vielleicht kehren Sie zu alten Gewohnheiten zurück. Es ist in Ordnung, zu stolpern, solange Sie wieder aufstehen und es erneut versuchen. Treffen Sie sich mit Selbsthilfegruppen, erfahreneren Menschen und Fachleuten und lassen Sie sich von ihnen beraten, um in dieser Hinsicht Unterstützung zu erhalten. Hier sind einige Tipps:

- Machen Sie täglich Affirmationen
  - Für sich selbst einstehen, statt sich in ein Schneckenhaus zurückzuziehen
  - Nehmen Sie sich eine Minute mehr Zeit, um die Informationen zu verarbeiten, bevor Sie antworten.
  - Sie können auch Selbstverteidigungs- oder Empowerment-Kurse besuchen.

Ich glaube, Sie sollten mehr Zeit darauf verwenden, Ihr inneres Selbst vor inneren Faktoren zu schützen. Sie sind viel komplexer und heimtückischer. Jahrelang verinnerlichte Schuld- und Schamgefühle werden nicht einfach verschwinden. Psychologen sind der Meinung, dass der Weg nach vorne darin besteht, die Wurzel des Problems zu finden und es zu akzeptieren. Sie müssen Ihre Situation akzeptieren, bevor Sie sie ändern können.

Hinschauen hat schon vielen Menschen geholfen, Trauer, Trauma oder Schmerz zu überwinden. Egal, um welches Problem es sich handelt, Sie können sich entweder mit der Ursache konfrontieren oder mit Ihrem Leben weitermachen. Nicht jeder hat die Möglichkeit der Konfrontation, aber Sie müssen sich für den Weg entscheiden, der für Sie geeignet ist.

IHR WAHRES ICH ERFORSCHEN UND BEWAHREN

Wir haben darüber gesprochen, wie Sie sich wieder mit Ihrem inneren Selbst verbinden können. Jetzt werden wir darüber sprechen, wie Sie es genießen und erhalten können. Sie können sich nicht so sehr anstrengen, sich selbst zu finden, nur um dann unglücklich zu sein oder es wieder zu verlieren. Sie müssen anfangen, die richtigen Entscheidungen zu treffen und Ihre Bedürfnisse, Wünsche, Meinungen und Gefühle über die anderer Menschen zu stellen. Es ist an der Zeit, auf sich selbst zu hören und ein wenig egoistisch zu sein. All die Zeiten, in denen Sie sich unter persönlicher Gefahr für andere aufgeopfert haben, und die Zeiten, in denen Sie den Mund gehalten haben, um den Frieden zu wahren, müssen Sie überdenken. Dies sind großzügige Verhaltensweisen, aber sie sind Symptome einer Sucht, wenn sie Ihr Leben und Ihre täglichen Aktivitäten beeinträchtigen.

Nehmen Sie sich etwas Zeit für sich selbst, um sich wieder mit Ihrem inneren Selbst vertraut zu machen. Es war eine Zeit lang verschüttet, und es wird Zeit brauchen, bis die verschwommenen Grenzen wieder klar werden. Die Selbsterkenntnis wird es Ihnen ermöglichen, Ihre eigenen Meinungen und Ansichten zu erkennen und sie aus dem Müll zu ziehen, den Sie sich von anderen aufzwingen lassen. Betrachten Sie es als den Beginn einer Freundschaft mit sich selbst. Äußere Einflüsse werden Sie nur ablenken, denn es wird Ihnen leicht fallen, in alte Gewohnheiten zurückzufallen und sich ihrer Kontrolle zu unterwerfen.

Es mag den Anschein haben, als würde ich Ihnen sagen, dass Sie Ihre Verantwortlichkeiten aufgeben sollen, aber Sie könnten sich nicht mehr irren. Was ich Ihnen sage, ist, dass Sie sich etwas Zeit für sich selbst nehmen sollen, damit Sie erfrischt sind, wenn es an der Zeit ist, Ihre Pflichten wieder aufzunehmen. Damit meine ich nicht, dass Sie diese Zeit allein vor dem Fernseher verbringen oder sich etwas gönnen sollten, was keine schlechte Idee ist. Sie müssen sie sinnvoll nutzen. Einige Hausfrauen nutzen die Zeit, in der sie allein sind, für ein Workout, Meditation oder Yoga. Das hilft ihnen,

Stress und Ängste abzubauen. Sie müssen etwas wählen, bei dem Sie sich wohlfühlen, und Sie müssen sich Ihrer selbst bewusst werden, bevor Sie das tun können.

SELBSTERKENNTNIS

Sich selbst kennen zu lernen ist ein lebenslanger Prozess; Sie können jeden Tag neue Interessen entdecken. Dazu müssen Sie sich selbst zuhören und beobachten. Der einfachste und beliebteste Weg ist das Führen von Tagebüchern (entweder elektronisch oder physisch). Sogar in der Wissenschaft verwenden Forscher Tagebücher, um Ideen festzuhalten, weil man nie weiß, wann sie einem einfallen; mit der Selbsterfahrung ist es ähnlich. Es nützt nichts, sich mit seinem inneren Selbst vertraut zu machen, wenn man ihm nicht vertraut. Sie müssen aufhören, bei Ihren Entscheidungen auf andere zu schauen, und anfangen, auf Ihre innere Stimme zu hören. Andere können sich nicht in Sie hineinversetzen, also haben sie keine Ahnung, was Sie wollen. Es ist an der Zeit, diese Stimme nicht länger zu ignorieren.

Hier sind einige Gründe, warum Sie ein Tagebuch führen sollten:

- Sie wissen nicht, wann Ihr inneres Selbst wichtige Informationen preisgibt
- Sie wissen vielleicht erst später, ob die Informationen wichtig sind.
- Sie können die Informationen nicht vergessen, wenn Sie sie nicht aufzeichnen.

Sie können in Ihrem Tagebuch durch gezielte Fragen nach bestimmten Details suchen, aber nehmen Sie sich etwas Zeit, bevor Sie die Informationen analysieren und auswerten. Diese zusätzliche Zeit verschafft Ihnen eine gewisse Objektivität.

Hier sind einige Fragen, die Sie stellen können:

- "Ich würde lieber nicht.............., denn ..."
- "Ich fühle mich .... gerade jetzt, weil ..."
- Wie oft stimmen Sie anderen zu, obwohl Sie lieber nicht zustimmen würden, nur um höflich zu sein?
- Reden Sie oder machen Sie Witze, wenn Sie sich unwohl oder bedrückt fühlen?
- Wie oft entschuldigen Sie sich?

Hier einige Fragen, die Ihnen helfen sollen, Ihre Antworten zu analysieren

- Was sagen Ihre Antworten über Ihr Verhalten aus?

- Was denken oder fühlen Sie, wenn Sie mit anderen interagieren?
- Ist das Verstecken bewusst oder unbewusst?
- Warum glauben Sie, dass Sie Ihr wahres Ich versteckst?

Die Reise der Selbsterkenntnis wird nur dann erfolgreich sein, wenn Sie auf Ihren Körper hören. Der Körper hat seine eigene Meinung und ist unsere Rückmeldung an das Gehirn. Der Körper fühlt und spürt mehr, als wir bewusst wahrnehmen können. Co-Abhängige haben Schwierigkeiten, auf ihren Körper zu hören. Meditation wird Sie wieder auf den richtigen Weg bringen. Hier ist eine Meditationsübung, die Sie ausprobieren können; sie ist sehr effektiv nach einem beunruhigenden Vorfall:

Setzen Sie sich ruhig hin, mit geschlossenen Augen. Atmen Sie dann tief und langsam ein. Reduzieren Sie dann die Tiefe Ihres Atems, bis er flach wird. Halten Sie dann inne und schließen Sie die Außenwelt aus. Sie können Ohrstöpsel verwenden, um Ihr Gehör auszublenden. Stellen Sie sich nun vor, dass Sie allein sind und alles um Sie herum leer ist. Versuchen Sie dann, einen unhörbaren Dialog mit Ihrem inneren Selbst zu führen. Lassen Sie alles, was Sie fühlen, auf sich wirken, ohne es zu analysieren. Hier sind einige Fragen, die Sie Ihrem inneren Selbst stellen können.

- "Wie lange bin ich schon hier?"
- "Was fühle ich im Moment?"
- "Warum fühle ich es?"
- "Wie hätte die Situation sonst verlaufen können?"
- "Was hätte ich anders machen können?"

Das Konzept der Selbstwahrnehmung kann vage erscheinen, daher habe ich beschlossen, einige Dinge zusammenzustellen, auf die man achten sollte:

Ihre Gefühle

Vielen von uns wurde beigebracht, dass Gefühle egoistisch sind und uns schwach machen. Das kann nicht weiter von der Wahrheit entfernt sein; sie sind es, die uns menschlich machen. Gefühle können auch für den Erfolg verantwortlich sein, besonders im Sport und in der Kunst. Sie müssen aufhören, sich für ihre Gefühle zu schämen. Entweder man lässt seinen Gefühlen ein paar Minuten freien Lauf oder man verbringt mehrere Tage in Frustration oder Bedauern darüber. Es ist entweder das eine oder das andere. Ob es sich um positive Emotionen wie Freude, Hoffnung oder negative Emotionen wie Wut und Traurigkeit handelt, keine Emotion ist schlecht. Sie sind der Ausdruck Ihres Selbst. Lassen Sie es heraus, oder es wird zurückkommen, um Sie zu verfolgen.

Ihr Bedürfnis

Ein Teil des Problems der Co-Abhängigkeit ist die Unfähigkeit, Verantwortung für sich selbst zu übernehmen. Sie haben Schwierigkeiten, Ihre Bedürfnisse zu erkennen, auszudrücken und zu erfüllen. Die Genesung ermöglicht es Ihnen, Ihre Bedürfnisse zu erkennen und gibt Ihnen den Mut, für sie zu kämpfen. Wenn wir unsere materiellen oder emotionalen Bedürfnisse nicht erfüllen, spiegeln sich diese oft in unseren Gefühlen wider. Negative Emotionen wie Traurigkeit und Wut treten auf, wenn ein Bedürfnis nicht erfüllt wird, aber positive Emotionen gewinnen die Oberhand, wenn die Bedürfnisse erfüllt sind.

Ihre Wünsche

Ich wollte gemeinsam über Wünsche und Bedürfnisse sprechen, aber ich habe mich natürlich dagegen entschieden. Wünsche sind anders als Bedürfnisse, sie sind nicht so wichtig, aber das bedeutet nicht, dass man sie ignorieren sollte. Vielleicht haben Sie Ihre Bedürfnisse aufgrund von Kindheitserfahrungen ignoriert, jetzt ist es an der Zeit, sich auf sie zu konzentrieren. Schließen Sie Ihre Wünsche nicht aus.

Ihre Werte

Grundsätze und Überzeugungen sind wichtig für die Entwicklung von Charakter und Glaubwürdigkeit. Sie helfen Ihnen, Grenzen zu ziehen und Ihre Persönlichkeit zu definieren. Wahrscheinlich werden Sie wütend oder andere negative Gefühle empfinden, wenn Menschen gegen Ihre Werte verstoßen. Die Definition Ihrer Werte gibt Ihnen einen klaren Standpunkt und Integrität. Sie geben Ihnen ein Gefühl des Stolzes und stärken Ihr Ego. Ich rate Ihnen, einen Wertetest zu machen, um Ihre Loyalitäten besser zu verstehen.

Ihr Selbstwertgefühl

Ich habe viel Zeit damit verbracht, Ihnen zu sagen, dass Sie sich nicht von äußeren Einflüssen kontrollieren lassen sollen, daher werde ich nur untersuchen, wie sich Ihre inneren Einflüsse auf Ihr Selbstwertgefühl auswirken. Bei genauer Beobachtung werden Sie feststellen, dass äußere Faktoren keinen großen Einfluss auf Ihr Selbstwertgefühl haben. Sie beeinflussen die inneren Faktoren, die wiederum Ihr Selbstwertgefühl beeinflussen. Interne Faktoren beeinflussen Ihr Selbstwertgefühl durch:

- Kritiker - macht Ihre Bemühungen schlecht und sagt Ihnen, dass Sie nicht gut genug sind. Er beurteilt sowohl Sie als auch die Menschen um Sie herum, aber Sie bekommen die Hauptlast der Kritik ab. Das führt dazu, dass Sie sich isolieren und Ihre Beziehungen ruinieren. Jeder hat einen inneren Kritiker, aber der Kritiker der Co-Abhängigen ist ein unerbittlicher Fehlersucher.
- Perfektionist - strebt nach der schwer fassbaren Idee der Perfektion. Er wird von Scham und Minderwertigkeitsgefühlen angetrieben. Er beeinträchtigt Ihr Selbstvertrauen und Ihre Fähigkeit, als Mensch zu funktionieren. Er untergräbt Sie und lässt Sie glauben, Sie seien nicht gut genug.
- Pusher - Drängt Sie dazu, sich an die von äußeren Einflüssen gesetzten Standards anzupassen - Ihre innere Stimme kann Sie dazu drängen, Ihre Ziele zu erreichen, was eine gute Sache ist. Wovor Sie sich in Acht nehmen müssen, ist der Sklaventreiber. Nichts ist ihm gut genug, und Selbstkritik ist die Grundlage seines Handelns. Er drängt Sie weiterhin zu unrealistischen Zielen, auch wenn Ihr Körper "Nein" sagt.
- Erläutern wir die großen Drei anhand von Gewichtsproblemen.
- Der KRITIKER beurteilt und schikaniert Sie.
- Während der PERFEKTIONIST unerreichbare Standards für einen kurzen Zeitraum setzt. Diese Standards beruhen in der Regel auf gesellschaftlichen Faktoren.
- Dann treibt der PUSHER Sie auf quälende Weise zu diesen Standards.

Ihr Selbstwertgefühl in Ordnung bringen

Schritt eins - Zähmung des Kritikers

Der erste Schritt besteht darin, den Kritiker zum Schweigen zu bringen oder zumindest das Gespräch zu ändern. Halten Sie ihn davon ab, Ihr Selbstwertgefühl und Ihr Selbstvertrauen zu untergraben. Hier sind einige Übungen für Sie:

Dieser erste Teil der Übung dient dazu, den Kritiker ausfindig zu machen und zu verstehen, auf welcher Ebene sich Aktivität und Macht in Ihrem Leben befinden.

- Setzen Sie sich ruhig hin und verlieren Sie sich in Ihren Gedanken, mit einem Stift in der Hand.
- Überprüfen Sie jeden Aspekt Ihres Lebens und listen Sie die Dinge auf, die Sie an sich selbst in jedem Aspekt nicht mögen. Ihr Kritiker wird wahrscheinlich die Kontrolle über diesen Teil der Übung übernehmen.
- Versuchen Sie, Ihrem Kritiker ein Gesicht zu geben. Ist es die Stimme eines Elternteils oder einer anderen Autoritätsperson? Handelt es sich um eine Stimme aus Ihrer Vergangenheit oder der Gegenwart?

Nun, da Sie Ihren Kritiker bis zu einem gewissen Grad verstehen, können Sie mit ihm in Beziehung treten.

Wenn Sie entdecken, wie aktiv der Kritiker in Ihrem Leben ist, können Sie beginnen, sich mit ihm anzufreunden und ihn zu zähmen, damit er ein freundlicher Coach wird. Anstatt gegen Sie zu sein, können Sie ihn umwandeln, damit er für Sie ist:

- Wie wäre es mit einem Rollenspiel. Führen Sie ein Gespräch mit Ihrem Kritiker auf Papier. Lassen Sie Ihre dominante Hand Sie sein und die Fragen schreiben, während Ihre nicht dominante Hand für den Kritiker antwortet. Sie können Ihre Fragen so gestalten, dass Sie den Namen des Kritikers, seine Vorbilder, seine Strategie und sein Ziel herausfinden.
- Versuchen Sie, den Kritiker zu Ihrem Freund zu machen. Fragen Sie ihn nach Ideen, wie Sie Ihre Fehler verbessern können. Sie werden überrascht sein, wenn Sie feststellen, dass der Kritiker es gut meint.
- Richten Sie nun Ihren Kritiker neu aus. Bringen Sie ihm bei, unterstützend und ermutigend zu sein, anstatt zu schimpfen und herabzusetzen.
- Der Kritiker wird nicht einfach untergehen. Er wird zurückschlagen. Sie müssen wachsam und auf der Hut sein, immer bereit, ihn in die Schranken zu weisen, wenn er aus der Reihe tanzt.

Schritt 2: Akzeptieren Sie Ihre Schwächen

Selbstakzeptanz ist die Lösung für den Perfektionismus. Das bedeutet nicht, dass man sich nicht verbessern kann oder sollte. Es bedeutet, dass Sie sich selbst lieben und sich verbessern, weil Sie es wollen, und zwar nach Ihren Maßstäben. Ich möchte mehr Zeit auf die Selbstakzeptanz verwenden, also lassen Sie uns den Pusher durchgehen.

Schritt 3 - Kalibrierung des Pushers

Der Pusher treibt unseren Erfolg an, aber man muss ihn dazu bringen, seine Grenzen zu erkennen. Fortschritt ist ein allmählicher Fortschritt. Der Körper muss sich erholen. Man baut auf, ruht sich aus und baut dann wieder auf. Die Ruhepause gibt neue Energie und verhindert, dass man sich selbst ins Grab bringt. Es ist ratsam, sich einen rücksichtsvollen Zeitplan zu setzen, aber ich schlage vor, dass Sie sich zunächst mit Ihrem Pusher vertraut machen, bevor Sie das tun. Hier ist eine einfache Übung:

- Danken Sie dem Pusher für die Hilfe bei Ihren Errungenschaften.
- Finden Sie die Momente heraus, in denen der Pusher Sie zu sehr bedrängt hat.
- Versuchen Sie, die nachteiligen Auswirkungen und Folgen aufzulisten, wenn Sie zu sehr unter Druck gesetzt werden.

SELBSTAKZEPTANZ

Sich selbst zu akzeptieren bedeutet, dass man versteht und akzeptiert, dass es in Ordnung ist, anders und einzigartig zu sein. Sie hören auf, sich mit anderen zu vergleichen und deren Maßstäbe zur Beurteilung Ihres Lebens heranzuziehen. Es bedeutet, dass Sie aufhören müssen, Ihre Selbstwahrnehmung auf die Wahrnehmung anderer Menschen zu stützen, die Sie wahrnehmen. Akzeptieren Sie sich so, wie Sie sind, mit allem Drum und Dran. Seien Sie authentisch. Das nimmt Ihnen den Stress, sich zu verstellen. Es kostet harte Arbeit, etwas Persönliches aufrechtzuerhalten, eine Arbeit, die man jetzt für etwas anderes verwenden kann. Selbstakzeptanz bedeutet, die Kontrolle über die Scham und die Schuldgefühle zu übernehmen, die dazu geführt haben, dass Sie sich überhaupt erst verstellen mussten.

Dazu gehört auch, dass Sie die Verantwortung für sich selbst, Ihre Handlungen, Ihre Gefühle und Ihre Lebensumstände übernehmen. Gemäß dem Sprichwort der Anonymen Alkoholiker: "Ergreife die Handlung, und die Gefühle werden folgen." Dies erhebt Sie aus der Opferrolle und macht Sie zum Hüter Ihres "Selbst". Das stärkt Ihr Selbstwertgefühl. Akzeptieren Sie, dass Ihr Weg für Sie und nur für Sie allein ist. Lösen Sie sich von der Abhängigkeit von anderen Menschen und Ihren Beziehungen zu ihnen. Es beginnt mit einfachem Selbstausdruck, dann mit dem Setzen von Grenzen und dem Tun dessen, was "Sie" tun wollen.

Am Anfang kann es wegen der Angst, der Selbstzweifel und der Schuldgefühle ziemlich schwierig sein. Man muss sich darauf einstellen und sich in der Anfangsphase anstrengen, denn es wird leichter. Wenn Sie aufhören, wird Ihr Fortschritt gebremst und Sie werden zurückgeworfen. Sie können sich mit positiven Selbstgesprächen und Affirmationen motivieren.

Selbstliebe

Co-Abhängige halten nicht viel von sich selbst, und das muss sich ändern. Selbstliebe hat nichts Egoistisches oder Selbstsüchtiges an sich. Sie ermöglicht es Ihnen, weniger streng über sich selbst zu urteilen und sich zu verzeihen, wenn Sie Fehler machen. Richten Sie Mitgefühl und Empathie auf sich selbst. Es ist eine Reise und ein Prozess, den Sie Schritt für Schritt gehen.

Selbstliebe ist nicht mit Selbstmitleid zu verwechseln. Selbstmitleid lässt Sie zum Opfer Ihrer Umstände werden. Selbstmitleid wird durch Wut und Angst motiviert.

FREUDE AN SICH SELBST FINDEN

Verantwortung für sich selbst zu übernehmen, ist keine leichte Aufgabe. Sie erfordert eine Menge Willenskraft, sonst stolpert man und scheut die Kontrolle. Der Weg, dies zu verhindern, besteht darin, den Prozess zu genießen. Der Mensch ist im Allgemeinen genusssüchtig. Wir neigen dazu, uns in angenehme Situationen zu begeben und uns von schmerzhaften Situationen zurückzuziehen. Wenn Sie Ihr Selbstbewusstsein und Ihre Selbstverantwortung bewahren wollen, müssen Sie Freude daran finden. Allein die Vorfreude auf das Vergnügen wird Sie durch die Tiefs bringen.

Geist und Körper sind miteinander verbunden; deshalb haben unsere Gefühle meist auch körperliche Auswirkungen. Depressionen zum Beispiel zehren an der körperlichen Kraft und machen den Körper zu einem Wrack. Wenn wir uns um unseren Körper kümmern, profitiert auch unser Geist davon. Wie wir unseren Körper behandeln, offenbart und beeinflusst unser Selbstwertgefühl. Der Körper ist ein Tempel, der den Geist beherbergt. Die meisten von uns versuchen, den von den Medien und gesellschaftlichen Einflüssen gesetzten Normen zu entsprechen. Normen, die in der Regel auf Konformität ausgerichtet sind und eine bestimmte Vorstellung von Schönheit oder Exzellenz im Sinn haben. Aber nicht alle Mittelwerte sind gleich; die körperlichen Eigenschaften eines Chihuahuas unterscheiden sich sehr von denen eines Dalmatiners.

Trotzdem macht das den einen nicht besser als den anderen. Sie sind beide auf ihre Weise perfekt.
Die Beziehung zu Ihrem Körper ist die basale und ursprüngliche Beziehung. Sie bildet die Grundlage für jede andere Beziehung, die wir haben. Hier ist eine einfache Übung, die Ihnen zeigt, auf welche Weise sich Körper und Geist gegenseitig beeinflussen können:

- Schließen Sie die Augen und stellen Sie sich dann vor, dass Sie am Kühlschrank stehen und eine leuchtend gelbe Zitrone nehmen. Stellen Sie sich vor, dass Sie die Zitrone auf einem Schneidebrett in Scheiben schneiden. Riechen Sie das würzige Aroma, das in der Luft liegt, während Sie sie schneiden. Stellen Sie sich dann vor, dass Sie ein Stück Zitrone in die Hand nehmen und daran lutschen. Stellen Sie sich den sauren Geschmack vor, der Ihren Mund füllt. Sie werden feststellen, dass Ihnen (in der Realität) das Wasser im Mund zusammenläuft. Das ist die Kraft der Vorstellungskraft.

Hier geht es darum, wie der Körper den Geist beeinflussen kann.

- Lächeln und lachen Sie etwa eine Minute lang. Ihre Gesichtsbewegungen lösen die Freisetzung von stimmungsverändernden Chemikalien aus. Diese Chemikalien werden Ihre Stimmung aufhellen.
- Ein weiteres Beispiel ist eine 20- bis 25-minütige Übung.

Die moderne Gesellschaft ist eine schnelllebige, weite und öffentliche Welt. Die Menschen nehmen sich keine Zeit mehr, die einfachen Dinge des Lebens zu genießen. Wir arbeiten hart und schnell. Und anstatt uns zu amüsieren, erschaffen wir nur eine Illusion des Vergnügens. Das Internet, genauer gesagt die sozialen Medien, bieten uns eine große Plattform, auf der wir unsere Shows für andere veranstalten können. Die Auswirkungen der kleinen Freuden, die ein Sonnenuntergang oder ein Spaziergang auf einer Wiese mit sich bringt, kann man sich nur vorstellen. Sie müssen mein Beispiel nicht wörtlich nehmen, ich will nur, dass Sie die Natur schätzen und genießen. Sie können auch den Beitrag der Menschheit genießen, wie wäre es mit einem Film, Musik oder einem Kunstwerk. Halten Sie für eine Minute inne und entspannen Sie sich. Das erzeugt Empfindungen, die wohltuende Chemikalien wie Endorphine in den Blutkreislauf freisetzen. Diese Stoffe wirken euphorisierend und haben eine heilende Wirkung auf den Geist.

Pflege des Körpers (im Bereich der Sinne).

Leidenschaft und positive Empfindungen können den Körper erheben und ihn dazu bringen, seine Grenzen zu überschreiten. Der Körper reagiert auf natürliche Weise auf Musik. Sie stimuliert unsere Emotionen und erzeugt spontane Bewegungen. Deshalb lieben wir das Tanzen. Musik gibt es in verschiedenen Formen und Variationen, und Sie werden vielleicht feststellen, dass einige für Sie nicht funktionieren, es sei denn, Sie öffnen sich für sie. Allerdings sind die Rhythmen, Gesänge und der Gesang in jeder Form vorhanden.

Verbesserung des sozialen Lebens

Das soziale Leben eines Co-Abhängigen und seine Beziehungen zu anderen Menschen sind meist eingeschränkt. Sie sind so sehr in Ihre Probleme vertieft, dass Sie sich nicht genug bemühen, mit anderen Menschen in Kontakt zu treten. Man verbringt seine ganze Energie mit einer Beziehung, aber wenn sie endet, zieht man sich wieder in sein Schneckenhaus zurück, wenn die Beziehung endet. Wenn Sie Ihre ganze Energie auf eine Person verwenden, kann diese überwältigt und weggestoßen werden. Ein wichtiger Aspekt der Heilung ist es, auf neue Menschen zuzugehen und neue, gesunde Beziehungen aufzubauen. Diese Verbindungen werden Ihren Horizont erweitern und Sie mit neuen Ideen bekannt machen. Sie geben Ihnen Menschen an die Hand, mit denen Sie Ihre Reise, die Höhen und Tiefen, die Freuden und Kämpfe teilen können. Der Mensch liebt Gesellschaft. Wir sind ja schließlich Rudeltiere. Hier sind einige Orte, an denen Sie neue Kontakte knüpfen können:

- Selbsthilfegruppen - hier finden Sie Menschen in ähnlichen Situationen, die Sie ermutigen und motivieren.
- Freiwilligenarbeit
- Online-Treffen
- Gesellschaftliche Ereignisse und Orte

Ferien

Im Urlaub kann man sich eine Auszeit von seinen Sorgen und Verpflichtungen gönnen. Es muss kein langer Urlaub sein oder wie in "Eat, pray, love" eine weite Region auf einem anderen Kontinent umfassen. Er muss nicht einmal in eine andere Stadt führen oder länger als ein paar Stunden dauern. Es geht darum, für einen kurzen Moment die Umgebung zu verlassen und das Gepäck abzulegen.

Hobbys

Hobbys hingegen ermöglichen es Ihnen, Ihre kreative Seite zu entfalten, und Kreativität belebt die Seele. Sie ist eine Möglichkeit, sich zu entspannen und gleichzeitig inspiriert zu werden. Ihre Interessen können in Musik, Tanz, Kunst, Handwerk, Schreiben oder Fotografie liegen. Es gibt zahlreiche Möglichkeiten, Sie müssen nur Spaß an der Tätigkeit haben. Es kann sein, dass Sie anfangs schlecht darin sind, aber Sie werden besser werden. Denken Sie daran, dass es nur ein Hobby ist, und versuchen Sie, sich nicht zu sehr anzustrengen.

Freizeitaktivitäten

Anregende Aktivitäten lassen Sie nicht nur Ihre Sorgen vergessen. Sie erfrischen auch Körper, Geist und Seele. Sie befreien Sie von Ihren Verpflichtungen und bringen das innere Kind in Ihnen zum Vorschein. Sie brauchen sich nicht zu schämen, denn Sie sind zu sehr damit beschäftigt, zu lachen und sich zu amüsieren. Lachen ist ein Gegenmittel gegen Stress und Schmerzen. Es entspannt die Muskeln und veranlasst das Gehirn, Endorphine in den Blutkreislauf freizusetzen. Außerdem werden dadurch stressbedingte Hormone aus dem Körper ausgeschüttet.

Hier sind einige einfache Möglichkeiten, Lachen in Ihr Leben zu bringen:

- Lesen Sie Witze und komische Geschichten.
- Comedy-Sendungen und Filme anschauen
- Hören und sehen Sie sich Comicsendungen an
- Machen Sie Witze und lachen Sie mit Familie und Freunden.

Meditation und der Geist

Die Meditation erfordert, dass Sie alle geistigen Aktivitäten vernachlässigen. Sie ist ein spiritueller Akt an sich, und Spiritualität ist auf dem Weg der Genesung unerlässlich. Sie gibt Ihnen zusätzliche Kraft. Bei der Meditation müssen Sie die Vergangenheit vergessen und die Zukunft ignorieren und sich auf den Augenblick konzentrieren. Konzentration und Aufmerksamkeit sind die Hauptpfeiler der Meditation. Es handelt sich um eine private Aktivität, für die weder eine Ausbildung noch die Anwesenheit eines Experten erforderlich ist. Hier sind einige der Vorteile der Erholung:

- Verbessert die körperliche, geistige und emotionale Gesundheit
- Verbessert die Konzentration

- Gleicht die Emotionen aus
- Ermöglicht ein Gefühl der geistigen Erfüllung
- Es lehrt Sie, das "Jetzt" zu schätzen.
- Fördert intuitives Denken und Kreativität
- Vorteile für das parasympathische Nervensystem
- Stärkt den Charakter
- Verbessert Mut, Konzentration und Motivation
- Verbessert die Selbstzufriedenheit
- Reduziert Passivität und Reaktivität
- Beruhigt Sie
- Stärkt Ihren Willen und Ihre Selbstwahrnehmung
- Erhöht die Alpha-Gehirnwellen

Meditationstechniken

Bevor ich Ihnen einige Meditationstechniken vorstelle, möchte ich Sie über die verschiedenen Möglichkeiten, die Sie haben, aufklären. Es gibt verschiedene Religionen und Kulturen auf der Welt, und die meisten haben ihre Meditationstechniken. Sie können aus diesem Meer von Möglichkeiten einige auswählen und sie abwechselnd praktizieren, bis Sie die richtige für sich gefunden haben. Sie können auch weitere Informationen online finden, Bücher lesen oder Meditationskurse besuchen.

Hier einige Fragen, die Ihnen bei der Auswahl der richtigen Technik helfen sollen:

- Fühlt es sich bequem an?
- Verbessert es Ihre Stimmung?
- Wie steht es um Ihre Konzentration und Ihren Fokus?

Arten der Meditation

In eine Kerze starren

Diese Technik verbessert Ihre Konzentration. Zünden Sie eine Kerze an und starren Sie sie an. Auch wenn Ihre Gedanken abschweifen, sollte die Kerze Ihre Aufmerksamkeit behalten. Beobachten Sie die Kerze und die Flammen, lassen Sie Ihre Gedanken hindurchfließen.

Mantra

Wenn Sie einige ausgewählte Worte immer wieder (hörbar oder unhörbar) wiederholen, werden Sie ruhiger und können sich besser konzentrieren. Sie können aus bekannten Mantras wählen oder eigene Affirmationen erstellen. Das Wichtigste ist, dass die Worte positiv klingen und Ihnen ein gutes Gefühl vermitteln.

Visualisierung

Dies ist eine einfache Meditation, bei der Sie nur Ihre Vorstellungskraft einsetzen müssen. Erschaffen Sie ein idyllisches Bild einer Umgebung oder eines Wesens, konzentrieren Sie sich dann auf das Bild und lassen Sie sich von ihm überwältigen, so viel Sie wollen.

Meditation über das dritte Auge

Dies ist nur eine der zahlreichen Yoga-Meditationstechniken. Bei dieser Übung geht es darum, Ihre Aufmerksamkeit auf den Raum zwischen Ihren Augenbrauen zu richten. Ihre Aufmerksamkeit auf diesen Punkt zu richten, hilft Ihnen, Ihren Geist zur Ruhe zu bringen.

Zen-Meditation

Dies ist eine buddhistische Meditation. Wegen der komplexen Haltungen und Schritte ist es ideal, sie unter Anleitung eines Lehrers zu erlernen. Ziel ist es, eine bequeme Haltung einzunehmen, sich dann auf die Atmung zu konzentrieren und die Gedanken zu beobachten, ohne sie zu analysieren oder zu bewerten.

KAPITEL 6
WIE SIE IHRE BEZIEHUNG ZU ANDEREN MENSCHEN HEILEN KÖNNEN

VERANLAGUNG

Wir alle fühlen uns zu anderen Menschen hingezogen. Das ist ein normales menschliches Verhalten. Die Anhänglichkeit bei Co-Abhängigen ist auf ihr persönliches Bedürfnis zurückzuführen, geliebt und gebraucht zu werden. Das führt dazu, dass sie Probleme und Schmerzen haben. Sie verschmelzen mit der anderen Person und verlieren sich selbst in der Beziehung. Sie vernachlässigen ihre Bedürfnisse, Gefühle und ihre Persönlichkeit zugunsten des Objekts ihrer Bindung.

LOSLASSEN

Das Loslösen oder Loslassen ermöglicht es der Co-Abhängigen, ihre Persönlichkeit zu definieren und die Kontrolle über ihr Leben zurückzugewinnen. Es bedeutet, sich von dem zu lösen, was einen an ungesunde Beziehungen bindet, sich aus der Verwicklung und Verstrickung in die Probleme und Angelegenheiten anderer Menschen zu lösen. Es geht nicht darum, weniger liebevoll und mitfühlend zu werden, sondern darum, Ihre Energie in positive Bahnen zu lenken. Es erfordert auch nicht, dass Sie sich physisch aus dem Leben anderer Menschen entfernen. Es ist ein emotionaler Prozess.

Hier sind die drei Grundprinzipien des Loslösens:

1. Aufbau angemessener Grenzen
2. Akzeptanz
3. Die Gegenwart in den Vordergrund stellen und einen Tag nach dem anderen nehmen.

Vorteile des Loslösens

- Sie wissen, wie man wirklich liebt

Die Vorstellung, eine Person wirklich zu lieben und zu schätzen und sich gleichzeitig von ihr zu lösen, ist paradox, aber sehen Sie es einmal so. Bei der Liebe geht es darum, die Objekte unserer Aufmerksamkeit so zu akzeptieren, wie sie sind, Anhaftung erlaubt es keinem von Ihnen, ein eigenständiges Wesen zu sein. Wenn Sie sich von anderen lösen, sehen Sie sie als vollwertige Person mit Bedürfnissen, Gefühlen und Meinungen. Sie werden in der Lage sein, sie zu verstehen und voll zu schätzen.

- Sie gewinnen Freiheit und Kontrolle über sich selbst

Co-Abhängige werden von ihrer Beziehung kontrolliert, was bedeutet, dass die Person, mit der sie in einer Beziehung sind, das Sagen hat. Sie versuchen vielleicht, die Person zu reparieren oder zu kontrollieren, aber ihre Natur gibt dieser Person die Kontrolle über sie. Sie ertrinken in den Angelegenheiten und Bedürfnissen der anderen Person. Losgelöstheit gibt Ihnen Freiheit und Macht.
Es befreit Sie aus der Abhängigkeit von den Stimmungen, Worten und Handlungen der anderen Person. Ihre Handlungen sind nicht länger eine Reaktion auf deren Handlungen. Dies ermöglicht es Ihnen, Ihr Verhalten an die Oberfläche zu bringen und Ihr Selbstwertgefühl zu verbessern.

- Sie gewinnen freie Zeit

Die Zeit und Mühe, die Sie für die Beobachtung anderer Menschen aufwenden, wird frei, wenn Sie beginnen, sich von ihnen zu lösen. Diese Zeit können Sie für sich selbst verwenden, um Ihr Leben und Ihre Karriere zu verbessern. Sie können es auf Ihre Interessen oder Hobbys fokusieren.

- Selbstständigkeit und Eigenverantwortung

Die Loslösung gibt allen Beteiligten ihre Unabhängigkeit und macht sie für ihre Lebensentscheidungen verantwortlich. Das Beschützen, Kontrollieren oder Ermöglichen entfällt, und jeder kann beginnen, aus seinen eigenen Fehlern zu lernen.

DIE DYNAMIK IHRER BEZIEHUNGEN VERÄNDERN

Kontrollierende Verhaltensweisen wie Ermächtigung und Fürsorge verletzen Grenzen. Es ist respektlos. Im besten Fall sagt es der anderen Person, dass sie inkompetent und nicht verantwortlich für ihr Handeln ist. Aber auch Ihr eigenes Handeln wird von Ihren Ängsten und Erwartungen bestimmt.

Furcht

Zu Beginn einer Beziehung fühlen wir uns vielleicht sogar von der Einzigartigkeit eines anderen Menschen angezogen. Wir fangen an, uns wohl zu fühlen, und fürchten uns davor, die Beziehung zu verlassen, während wir immer mehr an ihnen hängen. Diese Furcht ist verantwortlich für kontrollierendes Verhalten. Wir wollen uns selbst oder die Person nach unserem Idealbild verändern, je nachdem, wie wir die Bedürfnisse der Beziehung sehen. Die Stimmung, die Gefühle und das Verhalten der Person uns gegenüber beginnen unser Selbstwertgefühl zu bestimmen. Unsere Besorgnis und unsere Anhänglichkeit nehmen zu, je länger die Beziehung andauert. Wenn wir sehen, dass die Person sich zurückzieht oder selbstzerstörerisches Verhalten zeigt, versuchen wir, ihr zu helfen. Nur ist unsere Hilfe dieses Mal kontraproduktiv. Sicher, Hilfe kann erbeten oder unaufgefordert sein. Ziel ist es, unaufgeforderte Hilfe zu reduzieren und festzustellen, wann unsere Hilfe zu negativen Auswirkungen führt oder führen wird, selbst wenn sie erbeten ist.

Erwartungshaltung

Jeder hat zu Beginn einer Beziehung Erwartungen. Das ist wahrscheinlich der einzige Grund, warum wir uns die Mühe machen. Das Problem ist, dass wir unrealistische Erwartungen haben. Erwartungen setzen den Maßstab für eine Beziehung; sie sind die Grundlage, auf der wir sie beurteilen. Das Festhalten an unrealistischen Erwartungen kann eine Beziehung vorzeitig beenden oder langfristige Probleme für eine Beziehung schaffen, die die Anfangsphase überlebt. Das fängt bei Enttäuschungen an und geht bis zu Ressentiments. Man muss abwägen, ob die eigenen Erwartungen angemessen sind und ob die andere Person bereit und in der Lage ist, sie zu erfüllen.

Im Folgenden finden Sie einige Fragen, die Ihnen dabei helfen sollen, zu prüfen, ob Ihre Erwartungen angemessen sind oder nicht:

- Welche Erwartungen haben Sie in der Vergangenheit an Ihre Beziehungen gestellt (wie haben sie sich in der Vergangenheit bewährt)?
- Ob es geklappt hat oder nicht, sind Sie oder andere Menschen der entscheidende Faktor?
- Haben Sie die andere Person über Ihre Erwartungen informiert?
- Haben Sie Ihren Beitrag geleistet?

Die Realität akzeptieren

Sie können von der idealen Beziehung und dem idealen Partner fantasieren, aber Sie müssen realistisch sein, damit die Beziehung funktioniert. Es ist vernünftig, von Ihrem Partner zu erwarten, dass er seinen Beitrag in der Beziehung leistet. Es ist vernünftig, Respekt und Integrität von Ihrem Partner zu erwarten, aber gehen Sie nicht mit der Erwartung in eine Beziehung, dass die Person sich ändert. Darum geht es bei der Partnersuche: Beurteilen Sie Ihre Möglichkeiten und stellen Sie fest, ob Sie zueinander passen, bevor Sie sich auf eine Beziehung einlassen. Erwarten Sie nicht, dass sie sich ändern, aber Sie können sie so akzeptieren, wie sie sind. Das bedeutet nicht, dass Sie Ihre Bedürfnisse herunterspielen oder sie missbrauchen müssen; es bedeutet auch nicht, dass Sie sie manipulieren oder kontrollieren müssen.

REAKTION

Nachdem Sie Ihre Kontrolle losgelassen haben, können Sie leicht auf Menschen oder Ereignisse reagieren oder überreagieren. Das Reagieren auf die Bedürfnisse, Gefühle und Wünsche anderer Menschen ist bereits ein Problem von Co-Abhängigen. Es kann noch schlimmer werden, wenn Sie anfangen loszulassen. Sie haben nicht mehr die Kontrolle über die Variablen, und das kann zu Angst und Überreaktion führen. Die Reaktion kann Wut, Rückzug oder Nachgiebigkeit sein. Der Punkt ist, dass es sich um eine Überkompensation für die fehlende Kontrolle handelt, die aus der Angst geboren wird, die Person zu verlieren. Ihre Reaktion hängt von Ihrer Persönlichkeit, Ihrer Kultur und Ihren Erfahrungen mit einer bestimmten Situation ab.

Hier sind einige der möglichen Reaktionen:

- Sich selbst oder anderen die Schuld geben
- Beschwichtigung
- Entschuldigung
- Ablenken und das Thema wechseln
- Zurückziehen
- Angreifen

Die beste Möglichkeit ist, zuzuhören und selbstbewusst zu reagieren. Sie müssen Ihre Grenzen definieren und sich und Ihre Gefühle von denen der anderen Person abgrenzen.

Hier sind einige Fragen, die Ihnen helfen sollen, die Situation zu meistern.

- Wer steckt hinter dem Auslöser?
- Welche Verhaltensweisen sind dafür verantwortlich?
- Wie haben Sie darauf reagiert?
- Wie hat die andere Person reagiert?
- Entschärfen oder verschärfen die Reaktionen die Situation?
- Versuchen Sie beim nächsten Mal eine andere Reaktion oder stellen Sie sie sich vor
- Ermitteln Sie die Auswirkungen der verschiedenen Reaktionen, indem Sie die obigen Fragen beantworten.

<u>Besessenheit</u>

Übermäßiges Sorgen und Besessenheit sind ein Versuch der Kontrolle. Sich zu sorgen ist stressig und hat keinen positiven

Einfluss auf die Situation, aber die Menschen setzen Sorgen immer noch mit Liebe und Fürsorge gleich. Es zehrt an den Kräften und bringt einen aus dem Gleichgewicht, lange bevor das Problem auftaucht. Man ist so sehr mit sich selbst beschäftigt, dass man für nichts anderes mehr bereit ist.

TIPPS ZUM LOSLASSEN

Die Loslösung braucht Zeit und Mühe, aber wie man so schön sagt - die Reise von tausend Meilen beginnt mit einem Schritt. Sie werden Unterstützung brauchen, und der Fortschritt ist schrittweise. Hier sind also einige Tipps, die Ihnen auf Ihrer Reise helfen sollen.

"Du" ist das Wort

Konzentrieren Sie sich auf sich selbst. Wenn Sie die Bedürfnisse und Interessen anderer Menschen durch Ihre eigenen ersetzen, wird die Reise leichter.

Mantras und Affirmationen verwenden

Eine Möglichkeit, den Verstand dazu zu bringen, etwas zu glauben, ist, es zu wiederholen. Wählen Sie passende und inspirierende Mantras aus oder schreiben Sie Ihre eigenen. Dann wiederholen Sie sie zumindest zu Beginn des Tages, während einer Krise und am Ende des Tages. Sie können sie auch mehrmals am Tag wiederholen, um sich selbst zu ermutigen.

Es geht nicht um sie

Das Problem ist nicht Ihres. Sie haben Ihre Probleme, also hören Sie auf, die Probleme anderer Leute persönlich zu nehmen. Für ihre Handlungen und Worte sind sie selbst verantwortlich. Hören Sie auf, ihnen zu erlauben, sie auf Sie zu übertragen.

Die drei Ks von Al-Anon

Diese sind sehr hilfreich, wenn man unter dem Einfluss der Sucht einer anderen Person steht.

1. Sie hast es nicht verursacht.
2. Sie können es nicht kontrollieren.
3. Sie können es nicht heilen.

Gebet

Das Gebet verlangt von Ihnen, Ihre Machtlosigkeit und mangelnde Kontrolle zu akzeptieren. Die Kapitulation ist eine Form der Ermächtigung, denn sie ermöglicht es Ihnen, die Dinge klar zu sehen und zeigt Ihnen, wo Sie Ihre Bemühungen verschwendet haben. Das Gelassenheitsgebet ist ein zentrales Mantra in mehreren Genesungsprogrammen.

"Gib mir die Gelassenheit, die Dinge zu akzeptieren, die ich nicht ändern kann, den Mut, die Dinge zu ändern, die ich ändern kann, und die Weisheit, den Unterschied zu erkennen."
Es gibt viele Dinge, die man nicht kann, wie die Handlungen und Gefühle anderer Menschen, die Realität der Suchtkrankheit und die Vergangenheit.
Es gibt nicht viel, was Sie ändern können, dazu gehören Ihre Handlungen und Ihre Einstellung.
"Wenn wir unsere Machtlosigkeit akzeptieren, werden wir in die Lage versetzt, uns um uns selbst zu kümmern. Wenn wir anfangen, uns um uns selbst zu kümmern, werden wir anfangen, unser Leben zu leben, und alles, was uns zugedacht ist, wird uns gehören.

Meditation

Bei der Meditation können Sie sich auf den Augenblick konzentrieren und die Vergangenheit vergessen. Sie beruhigt Sie und konzentriert Ihre Energie auf die anstehende Aufgabe. Man hört auf, sich mit anderen Menschen zu beschäftigen, und wird sich seiner selbst bewusster, indem man sich auf die Empfindungen verlässt, die man in diesem Moment spürt.

Pausen machen

Ein Tapetenwechsel ermöglicht es Ihnen, sich von Ihren emotionalen Auslösern zurückzuziehen. Auszeiten müssen keine physische Trennung sein; ein paar Momente für sich selbst zu haben, kann sich positiv auswirken.

Tagebuchführung

Es ist hilfreich, über Ihre Gefühle Buch zu führen. Es kann als Medium dienen, um Ihre Gefühle auszudrücken, anstatt überzureagieren. Außerdem liefert es leicht verfügbare und angemessene Informationen über die Situation und Ihre emotionalen Auslöser.

Versuchen Sie eine andere Reaktion

Der Versuch einer anderen Reaktion kann die Situation entschärfen. Es kann die andere Person sogar schockieren und stören. Leiten Sie die Emotionen in etwas anderes um oder versuchen Sie ein direkt entgegengesetztes Verhalten. Sie können auch passive Aktivitäten oder Verhaltensweisen durch aktive ersetzen.

Vortäuschen

Überzeugen Sie sich selbst davon, sich auf eine bestimmte Art und Weise zu verhalten, indem Sie das Verhalten vortäuschen, bis es

Ihnen in Fleisch und Blut übergegangen ist (wenn es Ihnen zur zweiten Natur geworden ist). Indem Sie so tun, als würde Sie das Verhalten der Person nicht stören, werden Sie schließlich darüber hinauswachsen und immun dagegen werden.

Weg mit den Etiketten

Die meisten von uns urteilen eher über ihre Ehepartner und engen Freunde. Wie wäre es, wenn die Person nur ein Freund wäre? Würden Sie nachsichtiger sein?

Visualisieren Sie Ihre Loslösung

Unsere Vorstellungskraft ist sehr mächtig. Visualisieren Sie, was Sie wollen, und Sie werden spüren, dass die Arbeit leichter wird. Üben Sie Selbstvertrauen und Durchsetzungsvermögen.

Haben Sie immer einen Plan B oder einen Plan C

Dies schützt Sie davor, enttäuscht zu werden oder auf der Strecke zu bleiben, wenn Ihr Partner unzuverlässig ist. So können Sie Ihr Leben selbst in die Hand nehmen und sind nicht mehr der Unverantwortlichkeit Ihres Partners ausgeliefert sehen.

Rechnen Sie mit Rückschlägen von sich selbst und anderen

Die Anpassung ist eines der Probleme bei Veränderungen. Loslösung ist Veränderung, weil man eine alte und ungesunde Gewohnheit durch eine neue und gesunde ersetzt. Der Körper mag Routine und Gewissheit, und das ist es, was die Veränderung bedroht. Es spielt keine Rolle, ob die Veränderung dem Allgemeinwohl dient. Wenn man an Angst und Scham gewöhnt ist, kann es schwer sein, sich an Gefühle wie Frieden, Freiheit und Ermächtigung zu gewöhnen. Die neuen Gefühle übernehmen die Kontrolle, sobald man sich mit ihnen vertraut gemacht hat.

Auch andere Menschen können sich wehren, vor allem diejenigen, die Ihre Aufmerksamkeit brauchen und von Ihrer Situation profitieren. Sie und andere Menschen werden versuchen, Ihnen das Gefühl zu geben, egoistisch und schuldig zu sein.

Aus diesem Grund sind Selbsthilfegruppen so wichtig. Sie bieten Verständnis, Ermutigung und Hoffnung während dieser Herausforderungen.

KOMMUNIKATION UND SELBSTBEHAUPTUNG

Taten sprechen lauter als Worte. Nachdem Sie Ihre Grenzen definiert und Ihre Bedürfnisse, Werte und Gefühle erkannt haben, müssen Sie sie ausleben oder sagen, dass Sie sie reflektieren oder effektiv kommunizieren. Ich habe immer geglaubt, dass es

Zeitverschwendung ist, mich zu äußern oder mit anderen zu streiten, wenn ich weiß, dass sie mir niemals zustimmen würden, und viele Leute mögen mich in dieser Hinsicht. Was mir nicht klar ist, ist, dass es mir dabei um sie ging, was falsch ist. Es geht darum, meine Meinung zu sagen und meine unterwürfige Position zu verlassen. Es ist in Ordnung, wenn Menschen unterschiedliche Ansichten und Meinungen vertreten; das hilft uns, unsere Persönlichkeit klar zu definieren und unser Selbstwertgefühl zu verbessern. Die Fähigkeit, selbstbewusst zu kommunizieren, ist der erste Schritt, um für sich selbst einzustehen. Körperlich kommunizieren wir mit unseren Augen, unserem Gesicht, unserer Haut, unserem Körper und unserer Stimme. Mehrere Faktoren in unserer Stimme spiegeln unsere Stimmung wider, z. B. Lautstärke, Tonhöhe, flüssige Kadenz, Aussprache und Tonfall.

Ich werde einige Fehler auflisten, die Co-Abhängige bei der Kommunikation machen. Sie sollten auf diese Fallstricke achten und eine Alternative finden.

- Andere beschuldigen.
- Erklärung und Rechtfertigung von schlechtem Verhalten.
- Verallgemeinern.
- Sie sprechen wie ein Opfer.
- Sagen, was die andere Person hören will, um das Gespräch zu beenden.
- Ausreden suchen.
- Ich wechsle das Thema.

Tipps für eine bessere Kommunikation:

- Einfach "Nein" zu sagen, reicht aus. Ein Nein ist ein starker Standpunkt, und Sie müssen sich vor niemandem rechtfertigen.
- Wenn Sie unter Druck stehen oder sich unsicher sind, bitten Sie darum, dass man Ihnen Zeit zum Nachdenken gibt.
- Seien sie hartnäckig. Die Leute werden Sie bedrängen oder wieder versuchen, ihren Willen durchzusetzen, bleiben Sie standhaft.
- Sie brauchen nicht jede Frage zu beantworten. Sagen Sie ihnen, dass Sie das nicht wollen.
- Bereiten Sie sich vor, bevor Sie ein schwieriges Gespräch führen
- Fragen sie nach, um seine Reaktion zu verstehen oder wenn Sie seine Aufmerksamkeit verloren haben.

- Sie dürfen Ihre Meinung ändern.

Selbstbewusste Kommunikation

Kommunikation ist erlernbar, so auch die Fähigkeit, selbstbewusst zu kommunizieren. Das bedeutet, dass Sie Ihren Standpunkt klar, mutig und höflich darlegen können. Mit einer selbstbewussten Kommunikation gewinnen Sie an Respekt und Einfluss. Hier sind die sechs Ks, die Sie anstreben sollten:

Mit freundlicher Genehmigung

Das Ziel der Kommunikation ist die Weitergabe von Informationen. Wenn Sie Ihren Zuhörer mit mangelndem Respekt behandeln, werden Sie ihn wahrscheinlich verlieren. Seien Sie konstruktiv, nicht abweisend.

Beruhigen Sie sich

Ihre Gefühle und Emotionen an die Oberfläche kommen zu lassen, kann manchmal beunruhigend sein, und die Kommunikation unter diesen Bedingungen kann Sie untergraben. Versuchen Sie, ruhig zu bleiben, damit Sie die richtigen Worte wählen können, um Ihren Standpunkt zu verdeutlichen.

Kongruenz

Hier geht es um Ehrlichkeit. Sagen Sie, was Sie tief in Ihrem Inneren glauben, anstatt etwas zuzustimmen, an das Sie nicht glauben.

Kenntnisnahme

Bei der Kommunikation geht es ebenso sehr um das Zuhören wie um das Sprechen. Wenn Sie richtig zuhören, können Sie sich auf andere einlassen und ihre Argumente verstehen. Auf diese Weise können Sie lernen, wie Sie Ihre eigenen Argumente richtig vortragen oder ihnen antworten können. Es gibt Ihnen eine Ressource, auf die Sie zurückgreifen können. Sie können wiederholen, was der andere sagt, um Ihren Standpunkt zu verdeutlichen.

Klarheit

So können Sie direkt sein und Ihren Standpunkt deutlich machen. Es bedeutet, dass Sie die Verantwortung für Ihre Meinung und Ihre Worte übernehmen und nicht vage oder falsch verstanden werden.

Prägnanz

Machen Sie es kurz, einfach und direkt. Wenn Sie um den heißen Brei herumreden, kann das die Zuhörer irritieren, und ihre

Aufmerksamkeit wird verloren gehen. Wortkargheit ist ein Zeichen von Unruhe oder Angst.

IHRE GEFÜHLE AUSDRÜCKEN

Gefühle auszudrücken ist etwas ganz anderes als Gedanken auszudrücken, was die meisten von uns tun. Gefühle beziehen sich auf uns selbst und sind nicht wertend gegenüber der anderen Person. Gedanken hingegen sind unser Urteil und unsere Analyse der Person oder des Ereignisses. Mit Gefühlen teilen Sie mit, wie sich die Handlung oder das Ereignis auf Sie auswirkt. Eine einfache und effektive Lösung besteht darin, "Ich denke....." durch "Ich fühle....." zu ersetzen. Auch wenn es schwieriger ist, Gefühle zu erkennen und zu äußern, wenn wir emotional gut drauf sind.

IHRE BEDÜRFNISSE UND WÜNSCHE ZUM AUSDRUCK BRINGEN

Die meisten Co-Abhängigen sind seit ihrer Kindheit ignoriert und beschämt worden. Sie neigen dazu, ihre Bedürfnisse und Wünsche nicht zu äußern, weil sie Angst vor Ablehnung haben. Ihr Partner kann Ihre Gedanken nicht lesen; deshalb sind Sie frustriert, wenn er Ihre Bedürfnisse nicht erfüllt. Sie müssen für sich selbst sprechen. Wenn Ihnen das zu viel Angst macht, beginnen Sie mit einfachen Bedürfnissen und verbinden Sie diese mit Ihren Gefühlen. Sagen Sie Ihrem Partner zum Beispiel: "Ich fühle mich ignoriert, weil du mir nicht erzählt hast, was mit dir passiert ist ...."

KONFLIKT

Konflikte sind in einer Beziehung nicht nur unvermeidlich, sie sind auch gesund. Menschen sind verschieden, haben unterschiedliche Ansichten, Wünsche und Meinungen, und außerdem kann es zu Missverständnissen kommen. Zu einer Beziehung gehören zwei, und zum Streiten gehören zwei. Ihre Erfahrungen und Einflüsse (z. B. die der Eltern) können indirekt in ihre Meinung und ihr Verhalten einfließen, aber es sind immer nur zwei Parteien vorhanden. Es kann kontraproduktiv sein, die Rolle des Bösewichts oder des Opfers zuzuweisen, da beide Parteien an der Auseinandersetzung beteiligt sind. Reagieren oder überreagieren auf die Handlungen und Worte der anderen Person kann die Situation eskalieren. Klar definierte Grenzen und eine selbstbewusste Kommunikation ermöglichen es Ihnen, häufige Konflikte zu vermeiden und auftretende Konflikte durch Kompromisse zu lösen. Sie ermöglichen es Ihnen, die Gefühle, die Position und die Auslöser des anderen zu verstehen. Dann können Sie die Situation mit gutem Willen angehen. Sie müssen bereit sein, Kompromisse einzugehen, denn es handelt sich um eine Win-Win- oder Lose-Lose-Situation. Wenn Sie sich für die Beziehung engagieren, werden Sie dem Wohlergehen des anderen Vorrang einräumen. Dies erfordert eine gewisse Zufriedenheit zwischen beiden Parteien. Wenn die Situation außer Kontrolle gerät, sollten Sie professionelle Hilfe (Paarberatung) in Anspruch nehmen.

Hier sind einige Regeln, die Ihnen bei der Konfliktbewältigung helfen sollen:

- Legen Sie die Grundregeln fest. Zum Beispiel: keine Beschimpfungen oder kein Heraufbeschwören der Vergangenheit.
- Erlauben Sie Auszeiten.
- Geben Sie jeder Partei die Möglichkeit, ihren Standpunkt darzulegen.
- Versuchen Sie, sich in die Lage der anderen Person zu versetzen.

KAPITEL 7
DIE PFLEGE IHRER BEZIEHUNGEN ZU FAMILIE, PARTNERN UND FREUNDEN

Die Änderung Ihres Verhaltens kann für Ihre Angehörigen verwirrend sein. Sie werden auf jeden Fall darauf reagieren, und die Reaktion kann positiv oder negativ sein. Diejenigen, die Ihnen am nächsten stehen, werden am meisten betroffen sein. Wenn Sie genug Zeit haben, werden sie sich vielleicht mit Ihrem neuen Verhalten abfinden. Sie müssen Ihren Mann stehen. Seien Sie zuversichtlich und konsequent, auch wenn sie Sie immer wieder mit demselben Problem belästigen. Wenn sie sie ignorieren oder unter Druck setzen, werden sie Unterstützung von anderer Seite brauchen. Das ist einer der Vorteile von Selbsthilfegruppen. Selbsthilfegruppen geben Ihnen Zuversicht, bis Ihre Angehörigen aufhören, sich über Ihre veränderte Einstellung und Ihren Egoismus zu beschweren. Denken Sie daran, dass sie Ihre Fürsorge auf Kosten Ihrer selbst genossen haben. Jetzt kümmern Sie sich um sich selbst; die Veränderung ist zu Ihrem eigenen Besten. Das bedeutet nicht, dass Sie aufhören werden, sich um sie zu kümmern. Es bedeutet nur, dass Sie nicht zulassen werden, dass ihre Kämpfe Ihr Leben bestimmen.

UMGANG MIT EINEM SÜCHTIGEN

Der Umgang mit einem Süchtigen ist schwierig und verwirrend. Sie haben wahrscheinlich zwei Persönlichkeiten. Die, die Sie lieben, und die, die von der Sucht gesteuert und kontrolliert wird. Betrachten Sie es als eine "Jekyll und Hyde"-Situation. Dr. Jekyll ist der gute Kerl, mit dem Sie reden können. Er ist nett zu Ihnen und erinnert Sie immer an die guten Zeiten. Mr. Hyde hingegen ist das Monster, das unter dem Einfluss von Alkohol, Drogen oder auch nicht steht. Die größte Ähnlichkeit zwischen dem alkoholisierten Mr. Hyde und dem nicht alkoholisierten Mr. Hyde ist ihre Gemeinheit und der Schmerz, den sie verursachen.

Mit Dr. Jekyll kann man reden. Reaktionen wie Schuldzuweisungen und Kritik sind unproduktiv. Bleiben Sie ruhig und selbstbewusst, sprechen Sie freundlich und liebevoll.

Der Versuch, mit Mr. Hyde zu argumentieren, ist eine Verschwendung Ihrer Zeit und Energie. Doch Ihre Gefühle zu ignorieren und zu unterdrücken, wird Ihnen auch nicht helfen. Wir haben in früheren Kapiteln über angemessene Reaktionen wie das Führen eines Tagebuchs gesprochen.

Die Krankheit eines Süchtigen ist sein Kreuz, das er zu tragen hat. Wenn man dies erkennt, wird man freier, unabhängiger und glücklicher.

Nach der Nüchternheit

Sie hoffen, dass Ihre süchtigen Angehörigen versuchen werden, sich selbst zu heilen, und manchmal gelingt das auch. Nach den kurzen Wohlfühlmomenten kann die Angst vor der Vergangenheit die Beziehung verfolgen. Der Partner eines Süchtigen erinnert sich an die schlechten Zeiten und möchte vielleicht darüber sprechen, aber der Süchtige erinnert sich vielleicht nicht oder schämt sich für die Vergangenheit. Dies kann zu Problemen in der Beziehung führen.

Abgesehen davon kann sich der Partner des Süchtigen vernachlässigt fühlen, weil der Süchtige so viel Zeit mit der Teilnahme an Therapiesitzungen oder Selbsthilfegruppen verbringt. Denken Sie an das Problem der Bindung: Sie müssen die andere Person wachsen lassen, denn so wachsen auch Sie. Ein besserer Partner wird Ihr Leben leichter machen.

UMGANG MIT DER FAMILIE

Die Familie hat den größten Einfluss auf uns; vor allem unsere Eltern haben den größten Einfluss. Egal wie alt wir sind, wir sind immer noch die Kinder unserer Eltern. Co-Abhängige kommen meist aus Familien mit Abgrenzungsproblemen. Als Erwachsener leben Sie vielleicht weit weg von Ihrer Familie. Unabhängig davon, ob Sie in der Nähe sind oder eine große Entfernung zwischen Ihnen liegt, müssen Sie Ihre Grenzen setzen. Halten Sie sich nicht von der Familie fern, die Familie ist wichtig.

Sie können Sie unterstützen, oder sie können Sie auf die Palme bringen und Ihre Fortschritte in Frage stellen. Wenn sie Sie herausfordern, erwarten Sie, dass sie sich darüber beschweren, dass Sie sich von anderen Menschen beeinflussen lassen oder dass Sie egoistisch sind. Rechnen Sie damit, aber stehen Sie zu ihnen.

Die Genesung ist auch der ideale Zeitpunkt, um die Probleme zu lösen, die Sie mit Ihrer Familie haben. Auch wenn Ihre Eltern nicht mehr am Leben sind. Kindheitsprobleme sind für die Abhängigkeit verantwortlich; wenn Sie sie angehen, können Sie das Problem an der Wurzel packen.

UMGANG MIT FREUNDEN

Freundschaften sind vielleicht nicht so intim wie Familie und Liebe, aber die Co-Abhängigkeit kann auch sie infizieren. Ihre Freunde werden die Veränderung an Ihnen bemerken, und Sie werden die Veränderungen in der Dynamik der Freundschaft feststellen. Zeiten, in denen Sie die unterwürfige Sohle gespielt haben oder sich von anderen ausnutzen ließen. Ihr Selbstwertgefühl und Ihr Selbstvertrauen werden wachsen. Freunde können sich in ihrer Machtposition bedroht fühlen, weil niemand eine einseitige Freundschaft braucht. Wenn Sie Ihre Zeit mit dysfunktionalen Freunden einschränken oder sich ganz von ihnen fernhalten müssen.

Ihre Freunde verändern sich vielleicht mit Ihnen und beginnen, Sie besser zu verstehen. Sie suchen vielleicht auch Hilfe bei ihren Problemen, wenn sie die positiven Auswirkungen der Veränderungen bei Ihnen sehen.

UMGANG MIT PARTNERN

<u>Partnersuche</u>

Sexuelle Beziehungen beginnen bei zufälligen Begegnungen und enden bei der Ehe. Häufige Begegnungen erhöhen allmählich die Intimität einer Beziehung, von gelegentlichen Begegnungen bis hin zu Bekanntschaften und am Ende des Spektrums vielleicht zur Ehe. Es ist gesund, sich eine intime Beziehung zu wünschen. Die Genesung verbessert Ihre psychische Gesundheit und Ihr Selbstwertgefühl, so dass Sie sich eher zu gesünderen Menschen hingezogen fühlen, was die Qualität Ihrer Beziehungen verbessert. Alte Gewohnheiten werden versuchen, ihr Haupt zu erheben, lassen Sie sie nicht zu.

Vielleicht wissen Sie nicht, was Sie von der Beziehung erwarten, oder Sie haben aufgrund Ihrer früheren Erfahrungen Angst. Fügen Sie dies Ihrer Genesungsreise hinzu und versuchen Sie, diese Probleme zu lösen, bevor Sie eine neue Beziehung eingehen. Ihre Verwirrung und Angst wird wahrscheinlich jemanden anziehen, der für Sie ungesund ist.

Es gibt mehrere Bücher, die Sie zum Thema Dating lesen können, und ich habe beschlossen, in diesem Buch eine Liste mit Leseempfehlungen zusammenzustellen.

<u>Liebe</u>

Co-Abhängige gehen in jeder ihrer Beziehungen aufs Ganze. Liebe ist dabei nicht ausgeschlossen. Entweder verlieren sie sich in der

Beziehung, oder sie sind ihr gegenüber völlig gleichgültig. Es gibt keinen Mittelweg. In der Anfangsphase einer Beziehung erzählen wir der Person von unseren Interessen, unserer Geschichte, unseren Gefühlen und unseren Geheimnissen. Dies nimmt zu, wenn die Beziehung wächst, bis die Grenzen verschwimmen und wir beginnen, einen Teil der anderen Person in uns selbst zu sehen. Wir fangen an, sie zu bevorzugen und Opfer für sie zu bringen. Das ist bei allen Menschen gleich. Das Problem bei Co-Abhängigen ist die Extremität ihrer Handlungen.

Als Co-Abhängiger haben Sie vielleicht unrealistische Erwartungen an Ihre Beziehung. Wenn Ihre Erwartungen nicht erfüllt werden, beginnen Sie, die Person mit Freundlichkeit zu manipulieren. Die Realität beginnt zu schwinden und Sie beginnen, die Situation zu rationalisieren und zu entschuldigen. Sie verbergen Ihre Gefühle als Bedürfnisse, weil Sie Angst haben, die Person zu verlieren.

Sex

Co-Abhängige ersetzen manchmal Sex durch Intimität. Sex an sich ist ein intimer Akt, aber er verliert an Intimität, wenn es dem Akt an Gefühlen mangelt.

Zu gutem Sex gehört, dass beide Liebhaber Lust empfangen und geben. Sie brauchen die Mitarbeit Ihres Sexualpartners, um Sex zu genießen. Und Ihr Partner muss Ihre sexuellen Bedürfnisse und Wünsche verstehen, bevor er Sie manchmal beglücken kann. Er kann Ihre Gedanken nicht lesen, also müssen Sie sie ihm mitteilen. Hier beginnt das Problem der Co-Abhängigen. Scham und Angst hindern Sie daran, ein produktives Gespräch über Sex zu führen.

Die sexuellen Probleme von Abhängigen können ziemlich komplex sein. Sie neigen nicht nur dazu, Zuneigung und Intimität durch Sex zu ersetzen oder ihre sexuellen Bedürfnisse nicht zu kommunizieren, was ihr Sexualleben zum Erliegen bringen kann. Sie können auch unterdrückte Gefühle beim Sex ausdrücken. Denken Sie daran, dass unausgesprochene Gefühle immer einen Weg finden, um herauszukommen. Sex kann einer dieser Wege sein. Verdrängte Wut oder Traurigkeit können sich in Ihrem Sexualleben widerspiegeln. Sie können dazu führen, dass Sie die Leidenschaft für Sex verlieren oder ungesunde und schädliche Macken entwickeln.

AUFBAU UND PFLEGE VON BEZIEHUNGEN

Die Mehrheit der Beziehungen ist ungesund. Wir romantisieren gestörte Beziehungen und klammern uns an sie. Das mag an unserer Angst vor der Einsamkeit liegen. Eine gesunde Beziehung sollte unterstützend, nicht kontrollierend und nicht manipulierend sein.

Jede Beziehung besteht aus zwei Teilen.

1. Das Selbst, das Einzigartigkeit und Autonomie symbolisiert.
2. Die Gruppe, die Intimität symbolisiert.

In einer gesunden Beziehung geht es darum, das Gleichgewicht zu finden. Niemand kann einen anderen Menschen wirklich lieben, wenn er nicht weiß, wer er im Innersten ist, aber die Menschen können Sie nicht wirklich kennen, wenn Sie nicht ein klar definiertes "Ich" haben. Das scheint ein Paradox zu sein. Man muss erst autonom sein, bevor man intim sein kann. Ich hoffe, Sie können das Paradoxon jetzt klar erkennen.

Ich habe in der ersten Zeile des letzten Absatzes von einem Gleichgewicht gesprochen. Sie müssen Ihre individuellen Bedürfnisse mit Ihrem Bedürfnis nach emotionaler und körperlicher Nähe in Einklang bringen. Hier sind einige Tipps, die Ihnen helfen, dieses Gleichgewicht zu finden.

- Seien Sie selbstbewusst in Ihrer Kommunikation
- Akzeptieren Sie die Unterschiede der anderen
- Seien Sie kooperativ und treffen Sie die Entscheidungen gemeinsam
- Kompatible Ansichten haben
- Zeit miteinander und getrennt voneinander verbringen
- Ein gemeinsames Ziel haben
- Seien Sie realistisch, was Ihre Erwartungen angeht

KAPITEL 8
DIE ZWÖLF SCHRITTE

Die zwölf Schritte sind ein Leitfaden für ein Leben mit einem voll funktionsfähigen Selbst. Sie sind eine Reihe von allgemein akzeptierten Prinzipien, die Ihnen helfen, Ihr Leben zu gestalten. Die Reihenfolge, in der sie angeordnet sind, muss nicht eingehalten werden, da die Genesung ein zirkulärer Prozess ist. Hier ist eine Liste der zwölf Schritte, die von den Anonymen Alkoholikern übernommen wurde, bevor wir zu weiteren Erklärungen übergehen.

Schritt eins - Wir haben zugegeben, dass wir gegenüber der Sucht, die unser Leben unbeherrschbar gemacht hat, machtlos sind.

Schritt zwei - Wir sind zu einer höheren Macht gekommen, die unser Schicksal wiederherstellen kann

Schritt 3: Wir haben uns entschlossen, die Kontrolle über unser Leben und unseren Willen Gott zu überlassen, so wie wir ihn verstehen.

Schritt vier - Wir haben beschlossen, eine furchtlose und gründliche moralische Bestandsaufnahme von uns selbst zu machen.

Fünfter Schritt: Wir haben uns entschlossen, Gott, uns selbst und anderen Menschen gegenüber zuzugeben, dass wir Unrecht haben.

Sechster Schritt: Wir sind bereit, dass Gott die Mängel in unserem Charakter beseitigt.

Schritt sieben: Wir bitten Gott demütig, unsere Unzulänglichkeiten zu beseitigen.

Schritt acht: Wir haben beschlossen, eine Liste aller Personen zu erstellen, die wir verletzt haben, und wir sind bereit, sie zu entschädigen.

Schritt neun: Wir werden bei diesen Menschen Wiedergutmachung leisten, wo immer wir können, es sei denn, es kann ihnen oder anderen Schaden zufügen.

Schritt zehn: Wir werden weiterhin eine Bestandsaufnahme machen und zugeben, wenn wir uns geirrt haben.

Schritt elf - Wir werden versuchen, unseren bewussten Kontakt mit Gott, wie wir ihn verstehen, durch Gebet und Meditation zu verbessern.

Zwölfter Schritt - Nach unserem spirituellen Erwachen durch das Befolgen der Schritte werden wir die Botschaft an andere Süchtige weitergeben und sie lehren, die Prinzipien in ihrem Leben zu praktizieren.

Hier finden Sie ausführlichere Erklärungen zu den Zwölf Schritten.

Schritt Eins - Akzeptieren der Ohnmacht

Es geht darum, den Mangel an Kontrolle zu akzeptieren. Es ist der Beginn von Heilung und Fortschritt. Es ermöglicht uns, uns der Realität dieser Krankheit und der Möglichkeit einer Veränderung bewusst zu werden. Wir beginnen zu erkennen, dass wir einen anderen Lebensstil führen können. Die meisten Süchtigen glauben zu Beginn ihrer Genesung nicht, dass sie keine Kontrolle über ihre Situation haben. Verleugnung kann dazu beitragen. Sie können ihr Problem rationalisieren und bagatellisieren oder sich sogar ganz weigern, anzuerkennen, dass sie ein Problem haben. Akzeptanz ist ein Prozess. Zuerst müssen Sie sich eingestehen, dass Sie keine Kontrolle über Ihr Problem haben, und dann müssen Sie sich mit den Konsequenzen auseinandersetzen und überlegen, wie es weitergehen soll.

Das Paradox der Ohnmacht

Machtlosigkeit bedeutet in diesem Zusammenhang nicht Hilflosigkeit. Sie gestehen sich ein, dass Sie der Droge oder dem Alkohol gegenüber machtlos sind, Ihre Handlungen und Ihr Verhalten sind davon nicht betroffen. Es geht nicht darum, aufzugeben oder der Sucht nachzugeben. Es geht darum, sich die Auswirkungen der Sucht auf Ihr Leben einzugestehen. Wenn Sie Ihre Beziehungen, Ihre Karriere und Ihre Gesundheit untersuchen, können Sie besser verstehen, wie die Sucht Ihre Fähigkeit, diese Bereiche zu bewältigen, sabotiert.

Schritt Zwei - Hoffnung finden

Manche Erfahrungen können dazu führen, dass man die Hoffnung verliert, dass man sein Leben ändern kann. Solche Erlebnisse sind in Suchtkreisen weit verbreitet. Hoffnungslosigkeit und Apathie lassen sich leicht auf die Menschen in Ihrer Umgebung übertragen. Die Aura eines Menschen, der aufgegeben hat, macht sich in seinem Verhalten und seinem Äußeren bemerkbar. Einem hoffnungslosen Menschen fehlt es an Motivation und er wird nicht versuchen, die erforderlichen Anstrengungen zu unternehmen, um mit anderen Menschen in Kontakt zu treten oder seine Situation zu ändern. Wenn Sie hoffnungslos sind, haben Sie die Vorstellung im Hinterkopf, dass nichts funktionieren wird und es daher sinnlos ist, es zu versuchen.

Dies führt zu einer selbsterfüllenden Prophezeiung, bei der sich die Dinge so schlecht entwickeln, wie Sie es erwarten. Hier sind einige Tipps, die Ihnen helfen, die Hoffnung wiederzufinden.

- Suchen Sie nach Vorbildern und Sponsoren
- Definieren Sie Ihren Weg klar und deutlich.
- Tun Sie, was Sie können, und lassen Sie den Rest
- Beten und meditieren
- Versuchen Sie, mit anderen Menschen in Kontakt zu treten.

Schritt Drei - Loslassen

Im dritten Schritt geht es darum, Gott die Kontrolle über die Einstellung anderer Menschen, Ihre Reaktionen und die Ergebnisse der Situation zu überlassen. Sie treten von Ihrer Position als Regisseur Ihres Lebens zurück.

Sie ist nun "in die Obhut Gottes, wie wir ihn verstanden haben", übergeben. Durch den Zusatz "so wie wir Gott verstanden haben" können Sie die Definition von Gott selbst bestimmen. Co-Abhängige sind keine großen Fans davon, die Kontrolle an jemanden abzugeben. Ihre Eltern, die die ersten Verantwortlichen für ihr Leben waren, haben sie vielleicht enttäuscht. Der Wiederaufbau von Vertrauen ist eine Reise. Wir glauben, dass Gott ein mächtiges Wesen ist, und es ist viel einfacher, ihm die Kontrolle zu überlassen. Wenn der Glaube wächst, wächst auch das Vertrauen. Dadurch kann man sich auf kleine Dinge konzentrieren, z. B. auf die eigenen Gefühle. Man beginnt, sich auf die Gegenwart zu konzentrieren, anstatt sich mit der Zukunft zu beschäftigen. Das bedeutet nicht, dass Sie keine Pläne mehr machen werden.

Dann ist da noch die Frage der Unterscheidung zwischen Ihrem Willen und dem Willen Gottes. Es gibt nur einen Weg, das herauszufinden, und der heißt Versuch und Irrtum. Je mehr Sie experimentieren, desto besser verstehen Sie sich selbst. Die ersten drei Schritte ähneln sich, und viele Menschen wiederholen die drei Schritte jeden Tag, wie ein Ritual. Das ermöglicht es Ihnen, flexibel zu sein, was für die Co-Abhängigen eine neue Sache ist.

Schritt Vier - Sich selbst prüfen

Eines der Probleme von Co-Abhängigen ist, dass sie sich intensiv mit dem Leben anderer Menschen beschäftigen. Die Probleme anderer Menschen sind für Ihren Schmerz und Ihre Traurigkeit verantwortlich. Wenn Sie den Fokus auf sich selbst richten, können Sie Ihr Verhalten untersuchen und sich der Wahrheit über Ihren

Beitrag zu diesem Problem stellen. Sie werden sich Ihrer selbst bewusster und entdecken, dass es nicht nur andere Menschen und Pech sind, die Sie in diese Lage gebracht haben. Auch persönliche Entscheidungen sind wichtig.
Sie werden eine Bestandsaufnahme Ihrer Verhaltensweisen erstellen, wobei Sie sich auf die dysfunktionalen Verhaltensweisen konzentrieren. Dadurch werden Sie sich Ihrer Unzulänglichkeiten bewusster. Machen Sie daraus keinen Kreuzzug der Scham und der Selbstvorwürfe. Beim Wachstum geht es darum, diese Unzulänglichkeiten anzuerkennen. Versuchen Sie, gründlich und ehrlich zu sein, und gehen Sie so weit zurück, wie Sie können. Dieser Schritt sollte mit einer gewissen Anleitung erfolgen. Die Anleitung kann von Ihrem Therapeuten, Sponsor oder der gesamten Selbsthilfegruppe kommen. Machen Sie eine Liste Ihrer Gefühle und der Beweggründe für das Fehlverhalten. Lassen Sie Ihre Ressentiments und Urteile nicht einfließen, sondern schreiben Sie über Ihre früheren Ressentiments und Ängste. Nachdem Sie Ihre Liste fertiggestellt haben, nutzen Sie die Informationen, um Ihren Charakter zu betrachten. Zum Beispiel, ob Sie manipulativ, ehrlich, egoistisch, eifersüchtig usw. sind. Schreiben Sie dann kurze Sätze zu den Bereichen Ihres Lebens, die davon betroffen sind, wie z. B. Stolz, Selbstwertgefühl, Beziehungen, Sexualleben, Lebensziele, emotionale Sicherheit usw.

Schritt Fünf - Teilen Sie Ihre Scham

Nachdem Sie Ihre Störungen aufgelistet haben, besteht der nächste Schritt darin, sich selbst, Gott und anderen Menschen gegenüber Ihre Scham einzugestehen. Dies ist ein verletzlicher Akt, eine weitere Ebene der Hingabe. Wenn Sie Ihre Scham teilen, beginnen Sie, die Unvollkommenheit des Menschen zu verstehen. Das Positive daran ist, dass Schuld und Scham zu verschwinden beginnen und sich Ihr Selbstwertgefühl zu verbessern beginnt. Dazu gehört auch, dass Sie sich Ihre Kindheitserinnerungen und die Wurzeln Ihres Verhaltens ansehen. Das steigert Ihre Selbsteinfühlung und Ihr Bewusstsein. Es ist normal, dass Sie Angst haben, Ihre Scham zu teilen, weshalb die meisten Menschen in den ersten Sitzungen nicht darüber sprechen. Es ist eine gute Idee, sich schrittweise an das Teilen heranzutasten. Beginnen Sie damit, sich mit den anderen Gruppenmitgliedern vertraut zu machen. Fangen Sie dann an, kleine Details zu erzählen, und steigern Sie das Ausmaß allmählich, bis Sie

sich trauen, auch emotionalere und persönlichere Informationen mitzuteilen.
Es besteht auch die Möglichkeit, an Einzelsitzungen mit einer anderen Person teilzunehmen. Dabei kann es sich um einen Fachmann, einen erfahrenen Förderer oder eine beliebige andere Person handeln. Der Trick ist, eine Person zu wählen, die Sie nicht verurteilt. Es ist auch nicht schlecht, wenn es jemand ist, der das Programm versteht und Ihren Respekt genießt. Eine erfahrene Person wird Sie anleiten und Ihnen helfen, Ihre Gefühle, Motivationen und Handlungen zu erkennen und zu analysieren. Das kann mehrere Sitzungen in Anspruch nehmen. Die Person wird Sie auf Dinge hinweisen, die Sie übersehen oder absichtlich zu ignorieren versucht haben. Betrachten Sie dies als Grundsteinlegung für Ihre Genesung, stellen Sie sich also darauf ein, neue Dinge zu lernen. Die Reaktion der meisten Menschen, nachdem sie ihre Scham mitgeteilt haben, fällt in zwei Kategorien. Entweder sie werden frei, oder sie erleben lähmende Schuldgefühle. Der Inhalt des Inventars ist Ihre Last, und obwohl Sie die Vergangenheit nicht ändern können. Sie können aber Ihre Wahrnehmung der Vergangenheit ändern und sich auf einen Neuanfang konzentrieren.

Schritt Sechs - Sich selbst akzeptieren

In den ersten Schritten geht es darum, zu kapitulieren. Sie haben zunächst akzeptiert, dass Sie keine Kontrolle über andere Menschen haben, und sind dann dazu übergegangen, die Kontrolle abzugeben und eine Liste Ihrer Fehlfunktionen zu erstellen. Im sechsten Schritt geht es darum, sich selbst trotz aller Mängel zu akzeptieren. Aber da Sie nun die dysfunktionalen Verhaltensweisen als das erkennen, was sie sind, können Sie sich nicht länger mit ihnen abfinden. Sie können dann versuchen, Ihr Verhalten zu ändern. Trotz Ihrer guten Absichten wird Ihnen die Veränderung nicht leicht fallen. Sie werden über einige Dinge stolpern, und die Frustration kann Sie übermannen. Unabhängig davon, wie Sie im Moment darüber denken (was hoffentlich richtig ist), sind diese Verhaltensweisen auf Anpassung aufgebaut. Sie haben Ihnen geholfen, sich anzupassen und die Herausforderungen des Lebens zu überstehen. Ihre Angst vor dem Unerwarteten wird es Ihnen also nicht leicht machen, sie zu ändern. Sie fürchten, diese Liebe und Zuneigung zu verlieren, wenn Sie anfangen, nein zu ihnen zu sagen. Sie müssen also einen anderen Weg finden, um sich ihre Liebe und Zuneigung zu verdienen, und diesen Weg dann nutzen, um das "People Pleasing" zu ersetzen. Mit anderen Worten: Es ist schwierig, sich eine Gewohnheit abzugewöhnen, wenn Sie keine andere Gewohnheit haben, die ihre Funktion erfüllt. Insgesamt lernen Sie, dass Kontrolle eine Illusion ist und dass Sie die gewünschte Veränderung möglicherweise nicht beeinflussen können. Dies wird Ihr Wendepunkt.

Schritt Sieben – Bescheiden sein

Schlucken Sie Ihren Stolz und bitten Sie Gott, Ihnen bei Ihren Fehlern zu helfen.

Sie sind am Rande der Hoffnungslosigkeit angelangt und müssen sich nun an jemanden wenden, der mächtiger ist als Sie selbst, an Gott. Das ist die Grundlage für diesen Schritt. Sie haben es auf Ihre Weise versucht und sind an die Grenzen Ihrer Macht gestoßen, also müssen Sie eine Instanz um Hilfe bitten, die mächtiger ist als Sie. Auch wenn es wie eine Schwäche erscheinen mag, erfordert es in Wirklichkeit Stärke und Reife, Ihre Grenzen zu akzeptieren. Hier setzt das Programm an, nämlich bei der Überzeugung, dass Sie Hilfe brauchen und dass diese Hilfe verfügbar ist. Die Hilfe wird nicht kommen, wenn Sie nicht darum bitten. Das kommt auch Ihren Beziehungen zugute. Das Programm fordert Sie auf, bescheiden, echt und verletzlich zu sein. All das ist in einer Beziehung wichtig. Wenn Sie Ihre Fehler und Grenzen akzeptieren, hilft Ihnen das auch, die Fehler und Grenzen anderer Menschen zu akzeptieren.

Schritt Acht - Identifizierung der Menschen, die Sie verletzt haben

Stellen Sie eine Liste von Menschen zusammen, die durch Ihr Handeln verletzt wurden, und bereiten Sie sich darauf vor, sie um Vergebung zu bitten und Wiedergutmachung zu leisten. Mein letzter Satz im letzten Schritt war die Feststellung, dass Empathie für sich selbst Ihr Mitgefühl für andere Menschen erhöht. Dieser und der nächste Schritt stärken dieses Einfühlungsvermögen. Machen Sie mit Hilfe Ihres Förderers eine weitere Bestandsaufnahme, diesmal mit einer Liste von Menschen, von denen Sie glauben, dass sie durch Ihr Handeln negativ beeinflusst wurden. Ohne sich zu entschuldigen oder Ihr Handeln zu rechtfertigen, schreiben Sie auf, wie Sie sie gekränkt haben und warum und wie Sie es wiedergutmachen sollten. Nachdem Sie Ihre Liste erstellt haben, können Sie damit beginnen, Wiedergutmachung zu leisten.

Beginnen Sie mit den Menschen, die Ihnen am nächsten stehen oder bei denen Sie das Gefühl haben, dass die Entschuldigung am einfachsten ist. Menschen verletzen uns genauso, wie wir sie verletzen, also werden Sie einige Menschen auf Ihrer Liste finden, die Sie im Gegenzug verletzt haben. Sie haben Ihnen vielleicht mehr Schmerz zugefügt als Sie ihnen. Sie werden feststellen, dass Sie sich bei diesen Menschen nicht entschuldigen wollen. Sie könnten versucht sein, sie von Ihrer Liste zu streichen, tun Sie das nicht. Vergebung ist sowohl für Sie als auch für den anderen von Vorteil. Nehmen Sie sich stattdessen Zeit und bitten Sie Gott, Ihr Herz zu erweichen.

Viele Menschen vergessen das, aber bedenken Sie: Sie sind das größte Opfer Ihrer Handlungen. Denken Sie an all die Opfer, die Scham, die Schuldgefühle und den Schmerz, den Sie sich selbst zugefügt haben. Sie haben es versäumt, sich vor Missbrauch zu schützen, und manchmal sind Sie selbst der Missbraucher. Sich selbst für vergangene Indiskretionen zu vergeben, ist ein wichtiger Aspekt, um weiterzukommen.

Schritt Neun - Wiedergutmachung

Es ist nicht leicht, uns selbst einzugestehen, dass wir uns geirrt haben, und es ist noch schwieriger, jemand anderem gegenüber zuzugeben, dass wir uns geirrt haben. Sie bringt uns in eine verletzliche Lage. Was ist, wenn die Person unsere Entschuldigung nicht annehmen will? Oder noch schlimmer, was ist, wenn sie sich dadurch uns gegenüber überlegen fühlt? Bei diesen beiden Fragen geht es immer noch um die Meinung und die Bedürfnisse anderer Menschen. Sie geben ihnen immer noch die Kontrolle über Ihr Leben. Die Wiedergutmachung ist zu Ihrem Besten. Sie übernehmen die Verantwortung für die Vergangenheit und reinigen Ihr Gewissen. Danach können Sie die Vergangenheit vergessen und neu beginnen. Es erfordert viel Mitgefühl und Demut, diesen Schritt zu vollziehen. Das macht es nicht leicht, denn der Schritt besteht darauf, dass Sie persönlich Wiedergutmachung leisten müssen, es sei denn, das ist nicht möglich. Außerdem wird verlangt, dass Sie den Vorfall oder Ihr beleidigendes Verhalten genau beschreiben. Die Erleichterung des Augenblicks kann Scham hervorrufen, aber das ist nur Ihr Ego, das die Kontrolle übernimmt. Wenn die Person nicht verfügbar oder tot ist, können Sie einen Abschiedsbrief schreiben und ihn ihr per Post schicken oder zum Grabstein bringen. Sie können auch versuchen, Menschen zu helfen oder sich ehrenamtlich für Menschen einzusetzen, denen es ähnlich geht wie dieser Person. Zur Wiedergutmachung müssen Sie vielleicht nur Ihre Einstellung zu etwas oder jemandem ändern, bei anderen müssen Sie Geld ausgeben. Bevor und nachdem Sie mit der Wiedergutmachung beginnen, können Sie mit einem Ratgeber darüber sprechen, normalerweise mit einem Therapeuten, Berater oder Ihrem Förderer. Es kann Jahre dauern, bis Sie mit diesem Schritt fertig sind. Manchmal entdecken sie vielleicht sogar einen Fehler, den sie anfangs nicht dokumentiert haben.

Schritt Zehn - Tägliche Bestandsaufnahme

Dieser Schritt und die beiden folgenden sollen Sie auf dem rechten Weg halten und Ihnen helfen, Ihre Genesung aufrechtzuerhalten. Genesung und Wachstum sind ein nie endender, allmählicher Prozess. Das Programm soll Ihnen helfen, das Richtige zu tun und die richtige Entscheidung zu treffen, auch wenn es eine schwere Entscheidung ist. Das Grundprinzip dieser Schritte besteht darin, eine Bestandsaufnahme zu machen, die Sie täglich oder wöchentlich analysieren können. So können Sie Ihre Fehler frühzeitig erkennen und sofort die notwendigen Korrekturen vornehmen. Dies ist ein guter Zeitpunkt, denn je mehr Zeit nach einem Ereignis vergeht, desto schwieriger ist es, darauf zurückzukommen und es wiedergutzumachen. Auf diese Weise können Sie Ihr Verantwortungsgefühl und Ihr Bewusstsein täglich verbessern. Mit einer täglichen Überprüfung Ihres Charakters können Sie sich nicht mehr vor sich selbst verstecken. Sie können jederzeit genügend Informationen über Ihr Verhalten und dessen Auswirkungen auf andere und sich selbst erhalten. Übung macht den Meister, und Sie werden eine Menge Übung bekommen. Mit jedem Tag, der vergeht, werden Sie gesünder und entwickeln Ihr Selbstwertgefühl und Ihr Selbstbewusstsein. Sie sollten nicht nur die negativen Aspekte festhalten, sondern auch die positiven. Sie geben Ihnen Hoffnung und das Gefühl, etwas erreicht zu haben. Erinnern Sie sich an mein Zitat von Leo Tolstoi: "Unglückliche Familien sind alle gleich; jede unglückliche Familie ist auf ihre Weise unglücklich." In diesem Fall bedeutet das, dass der Erfolg nicht durch das Vorhandensein positiver Eigenschaften erreicht wird, sondern durch das Fehlen negativer Eigenschaften. Sie verstehen also, warum Sie sich auf Ihrem Weg der Genesung auf die Beseitigung der negativen Eigenschaften konzentrieren müssen. Durch den tageweisen Ansatz können Sie die ersten Anzeichen eines Rückfalls erkennen, bevor er sich unkontrolliert ausbreitet. Außerdem können Sie Ihre Reise am nächsten Tag neu beginnen, wenn Sie am Vortag einen Fehler gemacht haben. Letztendlich macht es die Reise leichter, einen Tag nach dem anderen zu nehmen, jedenfalls leichter als eine Woche nach der anderen.

Schritt Elf - in Kontakt bleiben mit der höheren Macht.

In den ersten drei Schritten ging es um die Verbindung mit Gott. Der elfte Schritt ist eine Erweiterung des dritten Schritts. Diese Verbindung wird während Ihres gesamten Genesungsweges und für den Rest Ihres Lebens gebraucht werden. Beten Sie um Erkenntnis und Kraft für Ihre einsame Reise. Wenn Sie nicht an Gott glauben, wenden Sie sich der Meditation zu, um Ihren inneren Frieden und Ihre Kraft zu finden. Es ist schwer, ein spirituelles Leben aufrechtzuerhalten, deshalb soll der elfte Schritt Ihnen helfen, Ihre Spiritualität zu entwickeln und zu erhalten. Jetzt hat die höhere Macht oder Gott eine offene Definition. Sie entscheiden selbst, was Sie von Gott halten. Diese Suche macht Sie selbstbewusster und stärkt Ihre Wahrnehmung des eigenen Selbst. Sie verbessert Ihre Toleranz gegenüber Veränderungen und Unbekanntem, was wiederum Ihre Furcht und Ängste verringert. Sie baut einen neuen Charakter und ein neues Verhalten auf. Tägliches Üben, genau wie beim zehnten Schritt, ist die effektivste Option. Wenn Sie täglich beten und meditieren, laden Sie Gott in Ihre Pläne ein und gewinnen Vertrauen und Seelenfrieden.

Der elfte Schritt bietet keine Abkürzung zur Genesung. Er besteht ausdrücklich darauf, dass man nicht um eine Änderung der Gewohnheit oder des Verhaltens betet, weil Veränderung ein allmählicher und aktiver Prozess ist. Stattdessen bittet er Sie, um Erkenntnis zu beten. Meditation und Gebet sind unterschiedlich. Meditation ist eine ruhige und stille Tätigkeit. Sie erfordert, dass Sie sich in einem Meer des Nichts verlieren. Das Gebet hingegen ist eine stimmliche und geistige Aktivität. Es hat die Form eines Dialogs zwischen Ihnen und Gott. Beides sind Wege, um mit Gott in Verbindung zu treten. Sie erfordern Geduld und liefern keine schnellen Antworten. Der Co-Abhängige in Ihnen mag um Geduld ringen. Es gibt keine Möglichkeit, mit der Situation umzugehen, denn sie verlangt von Ihnen, loszulassen und die Worte "Dein Wille geschehe" nachzusprechen.

Die höhere Macht wird dann zur Quelle Ihrer Kraft und Geduld. Sie haben jetzt einen Führer und Tröster, eine Vertrauensperson, die

Ihnen von innen heraus Mut macht. Sie sind nicht mehr allein auf Ihrer Reise, denn Sie haben die universelle Kraft als Ihren Begleiter und Führer gewonnen.

Zwölfter Schritt - Praktische Anwendung der Grundsätze

An diesem Punkt haben Sie ein spirituelles Erwachen erlebt, es ist an der Zeit zu praktizieren, und dann können Sie es eines Tages anderen Co-Abhängigen predigen. Ich habe eine Redewendung dafür; sie lautet: "Predige, was du praktizierst". Verstehen Sie das Wortspiel, ich habe es aus "praktiziere, was du predigst" abgeleitet. Es funktioniert, weil Sie es zuerst praktizieren, dann können Sie es in der Zukunft predigen, weil es für Sie funktioniert.

Wie ich bereits erwähnt habe, ist der Zwölfte Schritt ein Erhaltungsschritt. Er ermahnt Sie, die Grundsätze des Programms in jedem Aspekt Ihres Lebens anzuwenden. Lassen Sie sich von ihnen in Ihren Beziehungen und im Umgang mit anderen leiten. Es geht darum, das neue Ich in Ihre täglichen Aktivitäten einzubringen und einen Schritt nach dem anderen zu tun.

Mit der Zeit, wenn das Programm für Sie funktioniert und Sie auf Ihrem Weg der Genesung ein Stück weitergekommen sind, können Sie den zweiten Teil des Zwölften Schritts in Angriff nehmen. Sie können beginnen, den zweiten Teil des Zwölften Schritts in Betracht zu ziehen. Hier geht es darum, Menschen in Not Hilfe anzubieten. Nicht nur irgendwelchen Menschen, sondern speziell Co-Abhängigen. Jemand war am Anfang Ihrer Reise für Sie da. Er hat Ihnen geholfen und Sie angeleitet, bis Sie so weit waren, wie Sie jetzt sind. Selbst nach Jahren unterstützen sie Sie noch immer. Ihr wichtigster Unterstützer und Cheerleader sind Sie, Ihr eigener Förderer. Auch Sie haben eine Stufe erreicht, und es ist nun an der Zeit, dass Sie eine andere Person unterstützen, die sich in der gleichen Situation befindet wie Sie selbst. Am Anfang können Sie eine Basisunterstützung anbieten, dann werden Sie eines Tages auch ein Förderer sein.

Das mag nach Fürsorge aussehen, dem Kennzeichen der Co-Abhängigkeit, aber bei der Unterstützung geht es nicht darum, sich in die Probleme anderer Menschen zu verstricken. Es erfordert nicht, dass Sie anderen einen Gefallen tun oder deren Co-Abhängigkeit auf eigene Gefahr unterstützen. Manchmal reicht es schon aus, die Prinzipien zu verkörpern oder seine Geschichte zu erzählen. Andere Co-Abhängige werden die gute Arbeit in Ihnen sehen und sich diese Art von Veränderung bei sich selbst wünschen.

Sie können damit beginnen, bei den Sitzungen mitzuhelfen, z. B. die Stühle und den Veranstaltungsort abzuräumen oder Kaffee und Donuts zu besorgen.

WIE SELBSTHILFEGRUPPEN DER ZWÖLF SCHRITTE FUNKTIONIEREN

Der Aufbau und die Funktionsweise der meisten Zwölf-Schritte-Programme sind ähnlich. Die Mitglieder kommen zu einem Treffen an einem bestimmten Ort. Der Veranstaltungsort ist in der Regel ein Saal oder ein Raum in einem öffentlichen Gebäude, weil öffentliche Gebäude leichter zu erreichen sind. Es können auch private Gebäude genutzt werden, aber die Hauptkriterien für die Auswahl eines Treffpunkts sind Nähe, Verfügbarkeit und Kosten.

1. Zentraler Lage

Einfacher Zugang und Transport für Mitglieder.

2. Verfügbarkeit

Die Sitzungen werden in der Regel geplant. Die Zeitpläne sind so gestaltet, dass sie den berufstätigen Mitgliedern entgegenkommen, so dass der Veranstaltungsort bei Bedarf zur Verfügung stehen muss.

3. Kosten

Zwölf-Schritte-Programme sind, wie die meisten Selbsthilfegruppen, nicht gewinnorientiert. Die Programme werden hauptsächlich durch Spenden der Mitglieder finanziert.

Wie ich bereits sagte, werden die Sitzungen geplant. Mit einem Zeitplan können die Sitzungen gut geplant und organisiert werden. Es macht es den Mitgliedern auch leicht, zur richtigen Zeit und am richtigen Ort zu erscheinen. Einige Gruppen halten ihre Treffen jeden Tag ab, während andere nur an wenigen Tagen in der Woche oder im Monat tagen. Es ist sehr einfach, an den Treffen teilzunehmen, weil man sich nicht vorher anmelden muss. Sie können einfach zu den Treffen kommen und werden ohne weiteres akzeptiert. Die Treffen erlauben es den Mitgliedern auch, anonym zu bleiben. Sie müssen keine persönlichen Daten angeben, auch nicht Ihren Nachnamen. Sie sprechen sich mit jedem Mitglied mit Vornamen an, was ein Gefühl der Freundschaft entstehen lässt. Sie müssen nicht einmal Ihren richtigen Namen angeben, wenn Sie das nicht wollen. Ich wüsste nicht, warum Sie das nicht tun sollten, aber die Menschen sind unterschiedlich. Es ist für jeden schwierig, sich zu öffnen und der Welt seine Probleme zu offenbaren, für manche mehr als für andere. Das Programm ist so konzipiert, dass Ihr

Komfort und Ihre Privatsphäre gewährleistet sind. Man kann es auch anders sehen: Jeder Teilnehmer ist aus einem bestimmten Grund da. Niemand macht dort einen Ausflug; alle kämpfen mit demselben Problem wie Sie. Sie brauchen also nicht zu lügen oder sich zu verstellen, denn sie verstehen, was Sie durchmachen.

Manche Menschen schämen sich vielleicht, ihre Geschichte zu erzählen. Sie werden zum Erzählen ermutigt, aber nicht dazu gezwungen. Sie können an den Treffen teilnehmen und sich in der Kameradschaft offenbaren, indem Sie aufstehen, um Ihre Geschichte zu erzählen, oder aktiv an den Treffen teilnehmen. Letztendlich werden Sie sich in der Gruppe wohlfühlen und anfangen zu erzählen. Der Austausch in Sitzungen wird normalerweise auf zwei Arten organisiert. Die Stühle werden so angeordnet, dass die Methode des Austauschs optimiert wird.

1. Die Stühle sind in der traditionellen Klassenform angeordnet. Die Mitglieder stellen sich dann abwechselnd vor die Klasse, um ihre Geschichten zu erzählen.
2. Die Stühle sind in einem Kreis angeordnet, und die Mitglieder der Klasse erhalten abwechselnd die Gelegenheit zu sprechen. Bei manchen Treffen steht der Redner in der Mitte der Klasse, bei anderen bleiben sie auf ihren Plätzen sitzen.

Bei den Treffen werden Literatur und Broschüren an die Mitglieder verteilt. Die Mitglieder nehmen das Material mit nach Hause und meditieren darüber und über das, was im Meeting passiert ist. Die Mitglieder wenden dann die Lehren der Zwölf Schritte auf verschiedene Aspekte ihres Lebens an. Der Versuch, nach den Zwölf Schritten zu leben, kann zum Erfolg oder zum Scheitern führen; sie erzählen dann beim nächsten Treffen davon. Mit der Zeit wird es leichter, nach den Zwölf Schritten zu leben.

Die Zwölf Schritte beruhen auf einer einfachen und allgemein akzeptierten Wahrheit. Sie funktionieren, bieten aber keine einfache und schnelle Lösung für Co-Abhängigkeit. Sie werden enttäuscht sein, wenn Sie mit der Erwartung kommen, ein Wundermittel zu finden. Das Programm bietet Ihnen die Chance, Ihr Leben zu ändern, wenn Sie bereit sind, sich darauf einzulassen.

Es gibt verschiedene Varianten der Zwölf-Schritte-Programme allein. Einige Programme sind auf die besonderen Bedürfnisse der Mitglieder zugeschnitten. Al-Anon ist zum Beispiel für Angehörige von Alkoholikern gedacht, während CoSA für Menschen gedacht ist, die mit Sexsüchtigen verwandt sind. Es ist besser, Meetings zu besuchen, die Ihren Bedürfnissen entsprechen. So können Sie die Vorteile des Programms in vollem Umfang nutzen. Selbsthilfegruppen bieten in der Regel Fragebögen an, mit denen Sie feststellen können, ob Sie von ihrem Programm profitieren können.

SELBSTHILFEGRUPPEN-TESTS

Mit den folgenden Fragen und Übungen können Sie feststellen, ob ein Programm für Sie geeignet ist.

Al-Anon/Alateen: Ist das etwas für Sie?

Zwanzig Fragen, die Ihnen die Entscheidung erleichtern:

1. Machen Sie sich Sorgen darüber, dass jemand anderes zu viel trinkt? Ja oder Nein
2. Haben Sie Geldprobleme, die durch den Alkoholkonsum eines anderen verursacht wurden? Ja oder Nein
3. Lügen Sie, um den Alkoholkonsum eines anderen zu schützen? Ja oder Nein
4. Haben Sie das Gefühl, dass Ihr geliebter Mensch das Trinken mehr liebt als Sie selbst? Ja oder Nein
5. Glauben Sie, dass die Freunde und Bekannten des Trinkers seinen Alkoholkonsum fördern? Ja oder Nein
6. Verzögern Sie Ihre Essenszeiten wegen des Trinkers? Ja oder Nein
7. Drohen Sie dem Trinker mit Worten wie "Ich werde dich verlassen, wenn du nicht aufhörst zu trinken"? Ja oder Nein
8. Riechen Sie heimlich den Atem des Trinkers, wenn Sie ihn küssen? Ja oder Nein
9. Haben Sie Angst, jemanden zu verärgern, weil er oder sie dadurch in einen Alkoholrausch geraten könnte? Ja oder Nein
10. Hat das Verhalten des Trinkers Sie jemals in Verlegenheit gebracht oder verletzt? Ja oder Nein
11. Ruiniert der Alkohol oft Ihren Urlaub? Ja oder Nein
12. Wollten Sie schon einmal wegen des Verhaltens des Trinkers die Polizei rufen? Ja oder Nein
13. Durchsuchen Sie das Haus nach versteckten Alkoholika? Ja oder Nein
14. Glauben Sie, dass der Trinker mit dem Trinken aufhören wird, wenn er oder sie Sie wirklich liebt?

Ja oder Nein

15. Haben Sie sich jemals geweigert, an gesellschaftlichen Veranstaltungen teilzunehmen, weil Sie Angst hatten und sich fürchten?

Ja oder Nein

16. Fühlen Sie sich schuldig wegen der Dinge, die Sie getan haben, um den Trinker zu kontrollieren?

Ja oder Nein

17. Glauben Sie, dass Ihre Probleme gelöst werden, wenn der Trinker aufhört zu trinken?

Ja oder Nein

18. Haben Sie versucht, den Trinker dazu zu bringen, "Ich liebe dich" oder "Es tut mir leid" zu sagen, indem Sie gedroht haben, sich selbst zu verletzen?

Ja oder Nein

19. Haben Sie Ihren Ärger über den Trinker jemals auf andere Personen übertragen? Ja oder Nein

20. Glauben Sie, dass niemand versteht, was Sie gerade durchmachen? Ja oder Nein

Al-Anon ist für Sie, wenn Sie mindestens zwei dieser Fragen mit "Ja" beantwortet haben

Test auf Essstörung und Co-Abhängigkeit

Dies ist ein Fragebogen von Fat is a Family affair, der Ihnen helfen soll, Ihre Beziehung zu einer Person mit einer Essstörung zu bewerten. Sie kreuzen eine Antwort mit "Ja oder Nein" an

1. Zwingen Sie den übermäßigen Esser zu einer Diät?
   Ja oder Nein
2. Drohen Sie damit, den übergewichtigen Menschen wegen seines Gewichts zu verlassen? Ja oder Nein
3. Überwachen Sie die Ernährung des Übergewichtigen?
   Ja oder Nein
4. Machen Sie Versprechungen für jedes Pfund, das er oder sie zu- oder abnimmt? Ja oder Nein
5. Verstecken Sie Lebensmittel wegen des übermäßigen Essens? Ja oder Nein
6. Machen Sie sich Sorgen um den Essgestörten?
   Ja oder Nein
7. Gehen Sie zu weit, um einen Nichtesser oder Überesser nicht zu verletzen?
8. Ja oder Nein

9. Werfen Sie Lebensmittel weg, weil der Esser zu viel isst?
   Ja oder Nein
10. Entschuldigen Sie die Stimmungsschwankungen des Überfressers, die durch Zucker verursacht werden?

11. Ja oder Nein
12. Vermeiden Sie gesellschaftliche Veranstaltungen, weil sie den Esssüchtigen in Versuchung führen könnten?
13. Ja oder Nein
14. Ertappen Sie sich dabei, wie Sie Budgets manipulieren, um das Budget für Lebensmittel und Kleidung zu erhöhen?
15. Ja oder Nein
16. Werben Sie und kaufen Sie, was Sie gehört haben, dass es das "richtige" Lebensmittel ist.
17. Ja oder Nein
18. Reden Sie ständig mit ihnen über Fitnessstudios und Wundermittel und -methoden zum Abnehmen?
19. Ja oder Nein
20. Verlieren Sie die Fassung, wenn Sie den Esssüchtigen auf frischer Tat ertappen? Ja oder Nein
21. Enttäuschen Sie die Rückfälle des Übergewichtigen ständig?
   Ja oder Nein
22. Ist Ihnen das körperliche Erscheinungsbild des Überessers oder Unteressers peinlich?
23. Ja oder Nein
24. Trösten Sie den Über- oder Unteresser zu Unrecht, wenn er oder sie in Verlegenheit ist?
25. Ja oder Nein
26. Führen Sie Tests durch, um die Entschlossenheit des Über- oder Unteressers zu testen? Ja oder Nein
27. Glauben Sie, dass Sie Ihre Ansprüche gesenkt haben?
   Ja oder Nein
28. Glauben Sie, dass Ihr Gewicht mit dem eines Über- oder Unteressers schwankt?
29. Ja oder Nein
30. Haben Sie aufgehört, sich um Ihr Äußeres zu kümmern?
   Ja oder Nein
31. Haben Sie gesundheitliche Komplikationen wie Schmerzen und Beschwerden? Ja oder Nein

32. Sind Sie drogen- oder alkoholabhängig?
Ja oder Nein
33. Verwenden Sie Lebensmittel als Bestechungsmittel?
Ja oder Nein
34. Sprechen Sie oft über den Körper des Essers?
Ja oder Nein
35. Glauben Sie, dass Ihr Leben besser wird, wenn der Über- oder Unterfresser normal wird?
36. Ja oder Nein
37. Danken Sie Gott dafür, dass Sie nicht so schlimm sind wie der Essgestörte oder der Überessene?
38. Ja oder Nein
39. Gibt Ihnen die Essstörung das Recht, die Beziehung zu verlassen? Ja oder Nein
40. Gibt Ihnen die Essstörung die Erlaubnis, in der Beziehung zu bleiben? Ja oder Nein
41. Lassen Sie Literatur über Essstörungen an Orten liegen, an denen der Über- oder Unteresser sie finden muss? Ja oder Nein
42. Lesen Sie ein Diätbuch, ohne ein Gewichtsproblem zu haben? Ja oder Nein
43. Glauben Sie, dass der Über- oder Unterfresser die einzige Unvollkommenheit in Ihrem Haus ist?
44. Ja oder Nein
45. Nehmen Sie Schlaftabletten, weil Sie nicht von alleine schlafen können? Ja oder Nein
46. Verbringen Sie Therapiesitzungen damit, über den Über- oder Unterfresser zu sprechen?
47. Ja oder Nein

Test für erwachsene Kinder von Alkoholikern

Der nächste Fragebogen richtet sich an erwachsene Kinder von Alkoholikern. Er besteht aus insgesamt vierzehn Fragen.

1. Fühlen Sie sich isoliert und haben Sie Angst vor Menschen, vor allem vor Autoritätspersonen? Ja oder Nein
2. Suchen Sie die Anerkennung anderer Menschen und verlieren Sie sich dabei selbst? Ja oder Nein
3. Sind Sie leicht zu erschrecken durch persönliche Kritik und wütende Menschen? Ja oder Nein

4. Fühlen Sie sich in Ihrer persönlichen Beziehung und im Beruf als Opfer?
Ja oder Nein
5. Glauben Sie, dass Sie ein übersteigertes Verantwortungsgefühl haben, das Sie dazu bringt, sich mehr um andere Menschen als um sich selbst zu kümmern?
Ja oder Nein
6. Fällt es Ihnen schwer, Ihre Schwächen und Gefühle zu akzeptieren?
Ja oder Nein
7. Fühlen Sie sich schuldig, wenn Sie für sich selbst eintreten?
Ja oder Nein
8. Glauben Sie, dass Sie süchtig nach Aufregung sind?
Ja oder Nein
9. Verwechseln Sie Liebe mit Mitleid und fühlen Sie sich zu Menschen hingezogen, die Sie brauchen? Ja oder Nein
10. Fällt es Ihnen schwer, Ihre Gefühle, einschließlich Freude, auszudrücken? Ja oder Nein
11. Sind Sie zu hart zu sich selbst?

Ja oder Nein
12. Haben Sie ein geringes Selbstwertgefühl?
Ja oder Nein
13. Fühlen Sie sich oft von Ihrem Partner im Stich gelassen?
Ja oder Nein
14. Reagieren Sie häufiger, als dass Sie agieren?
Ja oder Nein

KAPITEL 9
RÜCKFALLPRÄVENTION UND -MANAGEMENT

VORSICHT VOR RÜCKFÄLLEN

Mitglieder von Co-Abhängigkeitsprogrammen feiern die Anzahl der Jahre, die sie im Programm waren. Dies unterscheidet sich von anderen Zwölf-Schritte-Programmen, in denen die Mitglieder die Anzahl der Jahre feiern, die sie von ihrer Sucht abstinent waren. Es sieht so aus, als bekäme man eine Trophäe dafür, dass man dabei ist, aber es gibt einen Grund dafür. Co-Abhängige werden viel häufiger rückfällig als andere Süchtige. Das ist leicht zu verstehen, denn die Grenzen ihrer Sucht sind sehr viel unschärfer. Deshalb ist der Genesungsweg eines Co-Abhängigen fast wie eine Spirale geformt. Das heißt nicht, dass das Zwölf-Schritte-Programm nicht funktioniert. Sucht ist eine lebendige Krankheit, und das Programm stellt nicht die Perfektion in den Vordergrund, sondern drängt auf Fortschritte.

Co-Abhängige, die nach einer schnellen Lösung für ihre Sucht suchen, laufen Gefahr, sich in falscher Sicherheit zu wiegen.

Verleugnung kann auch Ihr Urteilsvermögen vernebeln, bis die Co-Abhängigkeit zurückkommt und die Kontrolle über Ihr Leben übernimmt. Die Genesung erfordert, dass Sie verschiedene Aspekte Ihres Lebens ändern. Und Veränderung oder das Verlernen alter Gewohnheiten ist eine schwierige Aufgabe. Ganz gleich, wie entschlossen Sie die Reise antreten, eines Tages werden die alten Gewohnheiten wieder auftauchen. Die Reise ist also voller Höhen und Tiefen, voller Rückfälle und Neuanfänge. Wie ich immer sage: Der beste Weg, eine Gewohnheit zu ändern, ist, sie durch etwas anderes zu ersetzen. Wenn Sie versuchen, damit aufzuhören, entsteht eine Lücke, und Sie werden in naher Zukunft wieder einen Rückfall in das Verhalten erleiden. Es ist ganz einfach: Wenn Sie keinen Stift benutzen wollen, aber trotzdem schreiben müssen, müssen Sie ein anderes Schreibgerät finden, oder Sie werden wieder zum Stift greifen. Sie müssen die Gewohnheit durch eine andere Gewohnheit ersetzen. Die Genesung ist ein schwieriger, langwieriger Weg. Denken Sie auch daran, dass Co-Abhängigkeit ein Bewältigungsmechanismus ist. Diese Verhaltensweisen dienen der Selbstverteidigung, so dass es schwer ist, sie aufzugeben.

ANZEICHEN FÜR EINEN RÜCKFALL

In der Genesung kommt es immer wieder zu abhängigen Verhaltensweisen. Es hält Sie auf Trab und erinnert Sie daran, dass Sie sich in einem Lernprozess befinden. Das Verhalten kann in Momenten der persönlichen Schwäche zurückkehren, wenn Sie traurig, einsam oder müde sind. Unabhängig davon, wann es auftritt, gibt es einige Signale, die Sie vor dem Auftreten warnen.

- Man fängt an, Groll zu hegen.
- Sie fangen an, zu viel für sich persönlich zu arbeiten.
- Sie werden leicht müde.
- Sie beginnen, das Verhalten einer Person zu beobachten und eine Liste ihrer Fehler zu führen.
- Sie stellen sich vor, mit jemandem zu sprechen, aber Sie sprechen ihn nicht an, wenn sich die Gelegenheit ergibt.
- Sie fangen an zu lügen und Geheimnisse zu haben, ohne dass es dafür einen besonderen Grund gibt.
- Sie beginnen, sich auf die Bedürfnisse und Gefühle anderer Menschen zu konzentrieren.
- Sie nehmen nicht mehr an Sitzungen teil.
- Sie halten sich nicht mehr an die Zwölf Schritte, vor allem nicht an die täglichen.
- Sie beginnen zu erwarten, dass andere Menschen etwas für Sie tun.
- Sie fangen an, von jemandem besessen zu sein.
- Sie setzen sich selbst unrealistische Ziele.
- Sie werden immer ungeduldiger.
- Sie fangen an, sich selbst zu kritisieren.
- Sie beginnen, das Opfer zu spielen und Selbstmitleid zu zeigen.

EMOTIONALE AUSLÖSER

Mehrere Auslöser können einen Rückfall verursachen. Es gibt keine eindeutige Wissenschaft, um sie alle zu identifizieren. Bei den Auslösern kann es sich um Personen oder Ereignisse handeln, was aber nicht bedeutet, dass man sie ignorieren oder sich von ihnen fernhalten muss. Diese Auslöser stehen in der Regel im Zusammenhang mit früheren Lebenserfahrungen. Hier sind einige Tipps für den Umgang mit der Situation.

- Versuchen Sie, die Vergangenheit zu heilen.
- Sprechen Sie mit Ihrem Therapeuten über sie
- Sprechen Sie mit Ihren Angehörigen darüber.

- Schreiben Sie über die Auslöser und die Gründe, die Sie dafür sehen.

CROSSOVER-SUCHT

Bei dem Versuch, von einer Sucht loszukommen, besteht die Gefahr, dass der Süchtige diese Sucht durch eine andere ersetzt. In gewisser Weise sind sie nicht völlig geheilt. Sie verlagern das Thema ihrer Sucht auf etwas anderes. Manche Co-Abhängige können auch eine Co-Abhängigkeitsbeziehung beenden, nur um sie durch eine andere zu ersetzen. Hier sind einige Anzeichen für eine Verschiebung der Abhängigkeit.

- Sie beginnen, zwanghaftes Verhalten an den Tag zu legen.
- Man fängt an, von der Gewohnheit besessen zu sein.
- Sie beginnen, sich selbst und Ihre Beziehung zu vernachlässigen.
- Man beginnt, zwanghaft und zerstörerisch auszugeben, um die Gewohnheit zu nähren.
- Man beginnt, sich für diese Gewohnheit zu schämen.
- Man beginnt, die Gewohnheit zu verstecken.

UMGANG MIT RÜCKFÄLLEN

Wie ich bereits an mehreren Stellen gesagt habe, sind Rückfälle vorprogrammiert. Das Wichtigste ist, dass Sie wieder aufstehen und es erneut versuchen. Anstatt sich selbst zu kritisieren, sollten Sie daran denken, dass Sie schließlich auch nur ein Mensch sind. Das Streben nach Perfektion wird fälschlicherweise als eine Sache des Stolzes angesehen; im Gegenteil, es ist aus Scham geboren. Es ist auf die Unfähigkeit zurückzuführen, den Fehler als notwendiges Übel zu akzeptieren. Genesung erfordert Anstrengung, so viel ist wahr, aber sie ist keine Reise zur Perfektion. Vielmehr ist es ein schrittweiser Weg zu emotionalem Wohlbefinden und Selbstachtung.

KAPITEL 10
SICH SELBST MOTIVIEREN

Die Genesung ist ein langer Weg, der Konzentration und Standhaftigkeit erfordert. Es ist auch eine persönliche und einsame Reise. Sie müssen selbst motiviert sein. Selbstmotivation an sich ist für Co-Abhängige schwer. Ihr Fokus und ihr Antrieb kommen von außen und von anderen Menschen, und deshalb haben sie in der Regel ein paar Schluckaufs auf ihrem Weg. Glücklicherweise ist die Genesung ein allmählicher Prozess, bei dem man seine Fehler akzeptiert und solange man wieder aufsteht.

Erfolg ist in der Regel nicht leicht zu haben. Wir kennen die ermutigenden Geschichten von beliebten und erfolgreichen Menschen, wie sie es geschafft haben. Michael Jordan, der wohl größte Basketballspieler in der Geschichte des Sports, wurde aus seinem Highschool-Basketballthema herausgeschnitten. Wir alle lieben den Zaubererjungen Harry Porter. J.K. Rowling war eine geschiedene Frau mittleren Alters, die von der Sozialhilfe lebte, als sie den ersten Roman schrieb. Heute ist sie wahrscheinlich die reichste Autorin der Geschichte. Und dann ist da noch Sylvester Stallone, der wegen seiner Gesichtsverunstaltung bei mehr als 1.5oo Schauspielauftritten abgelehnt wurde. Stallone schrieb den Oscar-prämierten ersten Rocky-Film, als er pleite war. Er lehnte ein Angebot über 350.000 Dollar für das Drehbuch ab, um 35.000 Dollar, die Hauptrolle und einen Anteil am Gewinn zu bekommen.

Es gibt noch viele weitere Geschichten wie diese, in denen Menschen ihre Träume trotz unglaublicher Hindernisse verwirklichen. Die gemeinsamen Faktoren in diesen Erfolgsgeschichten sind das Selbstvertrauen der Person und ihre Fähigkeit, sich zu motivieren. Es brauchte sie, harte Arbeit, Entschlossenheit, Ausdauer und vieles mehr. Stellen Sie sich vor, wenn sie aufgegeben hätten, was wäre aus ihren Geschichten geworden. Sie hatten Tiefpunkte, und es gab Zeiten, in denen sie fast aufgegeben hätten. Nehmen Sie zum Beispiel Stephen King, einen der erfolgreichsten und angesehensten Romanautoren der Gegenwart. King erzählt, dass er Carrie in den Papierkorb warf, als er noch ein erfolgloser Autor war. Carrie ist der Titel seines ersten Romans, der über 30 Mal abgelehnt wurde. Er war verheiratet, aber seine einzige Einnahmequelle.

Es ist garantiert, dass Sie Kämpfe und Tiefpunkte haben werden und vielleicht sogar rückfällig werden. Die meisten Menschen, die jemals versucht haben, etwas Bedeutendes zu erreichen, haben auch solche Erfahrungen gemacht. Halten Sie bis zum Ende durch, und Sie werden den Lohn Ihrer Arbeit ernten.

ZIELE SETZEN

Ein klar definiertes Ziel gibt Ihnen ein klares Ziel, auf das Sie hinarbeiten können. Wenn Sie ein Ziel haben, sind Sie motivierter, es zu erreichen. Beginnen Sie mit kleinen Schritten (leicht zu erreichende Ziele) und gehen Sie dann zu schwierigeren Zielen über. Die Aufteilung in verschiedene Etappen ermöglicht es Ihnen, sich auf die anstehende Aufgabe zu konzentrieren. Überwältigung, Angst oder Selbstzweifel bremsen unseren Fortschritt aus. Sie verringern dieses Risiko, wenn Sie den Plan in leicht zu bewältigende Etappen unterteilen.

Tägliche Mahnungen

FOCUS ON YOU

Bei der Co-Abhängigkeit geht es darum, die Aufmerksamkeit auf andere zu richten. Denken Sie immer daran, wenn Sie merken, dass Sie in alte Gewohnheiten zurückfallen. Wenn Sie aufhören, von anderen besessen zu sein, und Sich auf sich selbst konzentrieren, ernernsten Sie die Früchte. Sie übernehmen wieder die Kontrolle über Ihr Leben, Ihre Gefühle und Ihre Bedürfnisse. Stellen Sie Ihre Bedürfnisse in den Vordergrund und drücken Sie Ihre Gefühle aus. Überlegen Sie, was notwendig ist, um Ihre Bedürfnisse zu erfüllen, und setzen Sie sich dafür ein.

REALITÄT AKZEPTIEREN

Akzeptieren Sie die Situation so, wie sie ist, anstatt zu versuchen, sie zu kontrollieren oder sich in Ihre Fantasien zurückzuziehen. Sie werden nur noch mehr Schmerz verursachen, wenn Sie versuchen, zu kontrollieren und zu manipulieren. Akzeptanz ist ein Zeichen für emotionale Reife. Sie können das Leben nicht kontrollieren; was Sie kontrollieren können, ist Ihre Reaktion darauf.

VERTRAUEN IN SICH SELBST

Es braucht ständige Bestätigung, um Ihr Selbstvertrauen aufzubauen. Die Genesung erfordert, dass Sie sich selbst vertrauen und sich nur auf Sie verlassen. Andere Menschen mögen Sie enttäuschen, aber wenn Sie Ihr Vertrauen in sich selbst setzen, nehmen Sie ihnen diese Macht. Es braucht Zeit und folgt in der Regel einem bekannten Muster.

Zuerst entwickeln Sie Ihr Vertrauen in Gott, dann in Ihren Förderer und schließlich in sich selbst.

ERKENNEN SIE IHRE GEFÜHLE AN

Wenn Sie Ihre Gefühle anerkennen, können Sie sie bestätigen und zeigen, dass sie wichtig sind. Der Umgang mit Ihren Gefühlen ist ein wichtiger Aspekt der Genesung. Gefühle mögen irrational sein, aber das bedeutet nicht, dass man sie ignorieren sollte. Sie zu unterdrücken und zu ignorieren, hilft nur kurzfristig. Finden Sie einen Weg, Ihre Gefühle auszudrücken, und lassen Sie sich von niemandem vorschreiben, was Sie fühlen sollen.

SEIEN SIE SIE SELBST

Bei der Genesung geht es darum, dass Sie Ihr wahres Selbst aus der Asche auferstehen lassen. Sie sind ein Individuum, und Sie sollten Ihre Einzigartigkeit zum Ausdruck bringen. Erinnern Sie sich an das Motto der Co-Dependents Anonymous: "Sei dir selbst treu." Verstecken Sie Ihre Persönlichkeit nicht, um anderen Menschen zu gefallen.

REAGIEREN SIE NICHT

Reagieren Sie nicht mehr auf die Worte und Handlungen anderer Menschen. Ihr Verhalten ist ein Spiegelbild ihrer Persönlichkeit; wenn Sie darauf reagieren, lassen Sie sich von ihnen kontrollieren. Hören Sie zu, fühlen, denken und empfinden Sie, anstatt zu reagieren. Sie brauchen keine Antwort zu geben, wenn Sie keine haben.

ERLEICHTERN

Setzen Sie sich nicht zu sehr unter Druck. Sich selbst unter Druck zu setzen, kann kontraproduktiv sein. Es kann dazu führen, dass Sie sich überfordert fühlen. Langsam und stetig gewinnt das Rennen, denn bei diesem Rennen geht es nicht darum, wie schnell man es schafft, sondern wie gut man es schafft.

Hör auf, dir Sorgen zu machen

Sorgen nähren die Angst. Es verunsichert Sie und untergräbt Ihren Glauben. Die meisten Menschen, die sich Sorgen machen, beschwören in der Regel mehr Probleme herauf, als tatsächlich vorhanden sind. Sich Sorgen zu machen, kostet Zeit und Energie, die man braucht, wenn der Ärger kommt.

Es ist in Ordnung, unvollkommen zu sein.

Wenn Sie nach Perfektion streben, sind Sie zum Scheitern verurteilt. Niemand ist perfekt, und je eher Sie das akzeptieren, desto besser. Menschen machen Fehler, und manchmal können

Fehler sogar ein Segen sein. Kreativität und Fehler sind wie zwei Erbsen in einer Schote. Es ist nicht leicht, unsere Unvollkommenheit zu akzeptieren, also müssen Sie auf die kleinen Anzeichen achten.

Isolieren Sie sich nicht.

Während der Genesung werden Sie Unterstützung brauchen. Andere Menschen können Ihnen ein offenes Ohr schenken und Ihnen Rat und Hilfe anbieten. Sie brauchen eine Verbindung zu anderen Menschen, die Ihnen Trost und Kameradschaft bieten. Isolation kann zu Einsamkeit und Depression führen.

SCHLUSSFOLGERUNG

Co-Abhängigkeit entsteht aus Selbsthass und Scham, und das Heilmittel, das ich in einem großen Teil dieses Buches beschrieben habe, ist Selbstliebe. Auch wenn ich die Idee der Selbstliebe nicht ausdrücklich erwähnt habe, kann man sie doch spüren, wenn man zwischen meinen Worten liest. Ich habe erklärt, wie man aufhören muss, auf anderen Menschen zu beharren, und sich selbst in Betracht ziehen muss. Liebe dich mehr als andere Menschen. Co-Abhängige praktizieren eine Form der Nächstenliebe, bei der sie sich selbst übertreffen. Um diese Sucht zu heilen, müssen Sie sich selbst mehr lieben als Ihren Nächsten. Das mag wie die Grundlage des Egoismus klingen, aber in diesem Fall ist es das nicht. Kurz gesagt, bei der Selbstsucht geht es um die andere Person, es geht darum, was ihr fehlt, und darum, ihr das nicht zu geben. Bei der Selbstliebe geht es um SIE selbst. Damit ich nicht noch mehr Zeit damit verbringe, mich wie eine kaputte Schallplatte zu wiederholen, habe ich beschlossen, diese Schlussfolgerung zu nutzen, um Ihnen einige Tipps zur Selbstliebe zu geben.

Seien Sie spirituell

Gott zu vertrauen und zu beten ist ein Weg, um aus sich selbst heraus Mut zu schöpfen und die Selbstwahrnehmung zu verbessern. Wie in den Zwölf Schritten gesagt wird, ist Gott das, wofür Sie ihn halten. Sie müssen nicht an eine jüdische Religion oder irgendeine andere Religion glauben. Es geht darum, sich an ein höheres Wesen zu wenden und es um Unterstützung zu bitten. Sie können es mit Meditation oder Gebet versuchen, beides funktioniert. Es geht darum, sich Zeit für sich selbst zu nehmen und diese zu nutzen, um sich wieder mit seinem vernachlässigten Selbst zu verbinden.

Bitten Sie um Hilfe

Die Genesung ist eine schwierige und einsame Reise, daher ist es ratsam, um Hilfe zu bitten, wo immer Sie sie bekommen können. Sie werden sie brauchen. Letztlich sind wir Rudeltiere. Wir brauchen Wärme und Kameradschaft.

Eines der Kennzeichen der Co-Abhängigkeit ist auch die Unfähigkeit, sich zu melden. Sie haben vielleicht das Gefühl, dass Sie kein Problem haben. Denken Sie daran, dass Verleugnung so funktioniert. Vielleicht schämen Sie sich für Ihre Situation oder fühlen sich der Zuneigung und Liebe nicht würdig. Sie fragen sich vielleicht, wer würde einem Menschen wie mir helfen wollen? Die einzige Möglichkeit, diese Frage zu beantworten, ist, um Hilfe zu bitten. Die Art von Hilfe, die Sie brauchen, kann nicht wirklich von Familie und Freunden geleistet werden. Sie brauchen professionelle Hilfe, und in diesem Buch haben wir die verschiedenen Möglichkeiten besprochen, wie Sie diese Hilfe bekommen können. Bevor ich Sie verlasse, möchte ich Ihnen noch einige Tipps zur Selbstliebe geben.

IHRE BEDÜRFNISSE UND WÜNSCHE ERFÜLLEN

Co-Abhängige ignorieren ihre Bedürfnisse. Sie erwarten vielleicht auch, dass andere Menschen sie in ihrem Namen erfüllen. Und um die Situation noch komplizierter zu machen, versäumen sie es, ihre Bedürfnisse ihren Angehörigen mitzuteilen. Wie können diese Angehörigen ihre Bedürfnisse erfüllen, wenn sie nicht wissen, welche das sind? Das ist das Problem mit den Unabhängigen: Sie erwarten, dass andere ihre Gedanken lesen können. Wenn Sie Ihre Bedürfnisse vernachlässigen, spiegelt sich das in Ihrem Verhalten wider. Es zeigt sich in Ihren Gefühlen und Ihrer allgemeinen Ausstrahlung. Wenn Sie Gefühle empfinden, die Sie nicht erklären können, fühlen Sie sich vielleicht ohne besonderen Grund traurig oder deprimiert. Der Grund dafür sind unerfüllte Bedürfnisse.

Wenn Sie sich selbst lieben, erfüllen Sie nicht nur Ihre Bedürfnisse, sondern auch Ihre Wünsche. Die Wünsche sind nicht so wichtig wie die Bedürfnisse, aber die Erfüllung der Wünsche ist eine Möglichkeit, die Liebe zu sich selbst zu zeigen. Wenn Sie jemanden lieben, wollen Sie, dass er glücklich ist. So sollten Sie auch sich selbst behandeln, wie einen geliebten Menschen. Erfüllen Sie Ihre Bedürfnisse, und Sie werden feststellen, dass Sie öfter glücklich sind.

SPASS HABEN

Sich zu entspannen und Spaß zu haben, ist auch eine Art, sich selbst zu pflegen. Sie machen Sie nicht nur glücklich und lassen Sie Ihre Sorgen vergessen. Sie schaffen auch Erinnerungen, die Sie schätzen und zu denen Sie in dunklen Zeiten zurückkehren können. Lachen ist gut für den Körper. Es regt das Gehirn dazu an, Wohlfühltoxine in den Blutkreislauf freizusetzen. Wenn man sich selbst zu ernst nimmt, wird das Leben zu einer lästigen Pflicht. Man hat keine Zeit, die schönen Seiten des Lebens zu genießen, und stellt vielleicht fest, dass das Leben an einem vorbeigeht. Verlangsamen Sie für einen Moment und hören Sie auf, sich zu quälen. Denken Sie daran, dass Lachen erfolgreich zur Behandlung einiger Krankheiten eingesetzt wird, während übermäßiges Nachdenken Krankheiten wie Bluthochdruck und Hypertonie hervorrufen kann.

SCHÜTZEN SIE SICH

Wir verteidigen die, die wir lieben. So einfach ist das. Co-Abhängige sind in der Regel die Zielscheibe der Beschimpfungen und Witze anderer Menschen. In ihren Beziehungen versuchen sie immer, jemanden zu ändern. Sie tun dies am liebsten, indem sie sich selbst opfern. Sie ertragen die Beschimpfungen vielleicht sanftmütig. Sie müssen sich nicht von anderen beschimpfen oder ausnutzen lassen, nur weil Sie sie lieben. Es kostet Sie viel Energie, den Missbrauch zu ertragen, und die Energie, ihn zu beenden, ist vielleicht viel geringer. Stehen Sie für sich selbst ein und setzen Sie Ihre Grenzen. Tun Sie alles, was Sie tun müssen, um sich selbst zu schützen, auch wenn Ihr geliebter Missbraucher Ärger bekommen könnte.

SELBSTAKZEPTANZ ÜBEN

Sie haben einen großen Teil Ihres Lebens damit verbracht, Ihr wahres Ich aus Scham und Zweifel zu verbergen. Akzeptanz ist ein wesentlicher Bestandteil der Liebe. Es ist an der Zeit, dass Sie aufhören, Ihr wahres Selbst zu verstecken. Erinnern Sie sich daran, dass der Mensch ein einzigartiges Lebewesen ist. Wir alle haben unsere eigenen Spuren, die durch Konformität beseitigt werden sollen. Hören Sie auf, die Bestätigung anderer zu suchen, indem Sie sich zu dem machen, was sie Ihrer Meinung nach wollen. Es kann sogar sein, dass Sie sich irren, was sie wollen. Niemand ist perfekt, und Ihre Schwächen sind Teil Ihrer Persönlichkeit. Wenn Sie auch nur einen faschistisch-dystopischen Film gesehen oder faschistisch-dystopische Literatur gelesen haben, werden Sie feststellen, dass Konformität eine Waffe ist, die Sie Ihrer Individualität berauben soll. Es ist in Ordnung, anders zu sein als andere Menschen.

SELBSTERMUTIGUNG ANBIETEN

Der innere Kritiker ist es, der unser Selbstwertgefühl untergräbt. Erinnern Sie sich an unsere Übung. Bringen Sie sie dazu, für Sie zu arbeiten und nicht gegen Sie. Es ist in Ordnung, Sie zu kritisieren. Auf diese Weise streben wir danach, uns zu verbessern. Kritik muss dann mit Ermutigung und Komplimenten gemischt werden, sonst beginnt sie, Sie zu untergraben. Stellen Sie sich vor, Sie sagen jemandem, dass er sich verbessern soll, und derjenige verbessert sich weiter. Wenn Sie sich weigern, die Verbesserungen anzuerkennen, bekommt die Person das Gefühl, nicht genug zu tun, und eines Tages wird die Frustration überhand nehmen. Die Person wird glauben, dass sie das Ziel des Trainers erreichen kann, weil der Trainer die Fortschritte nicht anerkannt hat. In der Wirtschaftswissenschaft ist dies als das Gesetz des abnehmenden Ertrags bekannt. Wenn Sie sich selbst keine Komplimente machen, wird die Kritik zu Selbstzweifeln führen.

SICH AUSDRÜCKEN

Fühlen Sie Ihre Gefühle und sprechen Sie sie aus. Nach Jahren des Versteckens ist es an der Zeit, sich zu äußern. Wenn Sie anfangen, Ihre Gefühle auszudrücken, wird sich Ihr Leben verändern. Dann werden Sie verstehen, welche zerstörerischen Auswirkungen aufgestaute Gefühle haben. Und über die Zeiten, in denen Sie Ihre Zunge im Zaum gehalten haben, um Konflikte zu vermeiden. Es ist an der Zeit, auch das zu beenden.

Reden oder emotionale Ausbrüche sind nicht die einzigen Möglichkeiten, sich auszudrücken. Sie können sich auch Ihrer Leidenschaft zuwenden und kreative Hobbys als eine Form des Selbstausdrucks nutzen.

Wenn Sie dieses Buch in irgendeiner Weise nützlich fanden, freuen wir uns über eine Rezension auf Amazon!

Abschnitt - C
Genesung und Rückfallvermeidung